Ejercicios sobre derecho de las relaciones colectivas de trabajo

2ª edición ampliada

(reimpresión)

Ejercicios sobre derecho de las relaciones colectivas de trabajo

2ª edición ampliada (reimpresión)

JAVIER GÁRATE CASTRO
*Catedrático de Derecho del Trabajo
y de la Seguridad Social*
Universidad de Santiago de Compostela

FSC
www.fsc.org
MIXTO
Papel procedente de
fuentes responsables
Paper from
responsible sources
FSC® C105338

Editorial: BoD · Books on Demand,
Calle de Manzanares 4, 28005 Madrid, bod@bod.com.es
Impresión: Libri Plureos GmbH,
Friedensallee 273, 22763 Hamburg (Alemania)

ISBN: 978-84-1373-867-3

Índice

I. LOS ACTORES 9

A) PREGUNTAS TEST SOBRE LOS SINDICATOS Y LAS ASOCIACIO-
NES EMPRESARIALES COMO ACTORES DEL SISTEMA DE RELA-
CIONES COLECTIVAS DE TRABAJO, LAS LIBERTADES DE SINDI-
CACIÓN Y DE ASOCIACIÓN EMPRESARIAL Y LA MAYOR REPRESEN-
TIVIDAD DE LOS SINDICATOS Y DE LAS ASOCIACIONES EMPRESA-
RIALES 9

Contestación a las preguntas test 1ª a 65ª 35

B) PREGUNTAS TEST SOBRE LA TUTELA DE LA LIBERTAD SINDICAL
Y LA PARTICIPACIÓN Y REPRESENTACIÓN COLECTIVA DE LOS
TRABAJADORES EN LA EMPRESA 38

Contestación a las preguntas test 66ª a 115ª 55

C) CUESTIONES PARA SU DESARROLLO Y EXPOSICIÓN 58

II. NEGOCIACIÓN COLECTIVA LABORAL 61

A) PREGUNTAS TEST SOBRE EL DERECHO A LA NEGOCIACIÓN CO-
LECTIVA LABORAL Y LOS PRODUCTOS DE SU EJERCICIO 61

B) PREGUNTAS TEST SOBRE CUESTIONES GENERALES RELATIVAS
A LA NEGOCIACIÓN COLECTIVA ESTATUTARIA Y LOS CORRESPON-
DIENTES SUJETOS NEGOCIADORES 67

C) PREGUNTAS TEST SOBRE EL PROCEDIMIENTO DE NEGOCIA-
CIÓN, EL CONTENIDO, LAS VICISITUDES, LA INAPLICACIÓN, LOS
ASPECTOS TEMPORALES, LA APLICACIÓN E INTERPRETACIÓN
Y LA IMPUGNACIÓN DEL CONVENIO COLECTIVO 81

Contestación a las preguntas test 98

D) CUESTIONES PARA SU DESARROLLO Y EXPOSICIÓN 103

III. CONFLICTOS COLECTIVOS DE TRABAJO 105

A) PREGUNTAS TEST SOBRE EL CONCEPTO DE CONFLICTO COLEC-
TIVO DE TRABAJO Y LOS PROCEDIMIENTOS DE SOLUCIÓN 105

B) PREGUNTAS TEST SOBRE MEDIDAS DE CONFLICTO COLECTIVO
(CIERRE PATRONAL Y HUELGA) 113

Contestación a las preguntas test.. 138

D) CUESTIONES PARA SU DESARROLLO Y EXPOSICIÓN 143

I
LOS ACTORES

A) PREGUNTAS TEST SOBRE LOS SINDICATOS Y LAS ASOCIACIONES EMPRESARIALES COMO ACTORES DEL SISTEMA DE RELACIONES CO-LECTIVAS DE TRABAJO, LAS LIBERTADES DE SINDICACIÓN Y ASOCIA-CIÓN EMPRESARIAL Y LA MAYOR REPRESENTATIVIDAD DE LOS SIN-DICATOS Y DE LAS ASOCIACIONES EMPRESARIALES

1ª. El reconocimiento del derecho de asociación sindical y empresarial se produce en España:
a) Con la Constitución de 1978.
b) Con la Constitución de 1931.
c) Con la Ley de huelgas y coaliciones de 27 de abril de 1009.
d) Con la ratificación del convenio 87 de la Organización Internacional del Trabajo, sobre libertad sindical.

2ª. La libertad sindical:
a) Se reconoce en convenios de la OIT y, ya dentro de las normas elaboradas por la Unión Europea, en el «Pacto de Derechos Civiles y Políticos» y en el «Pacto de Derechos Económicos, Sociales y Culturales».
b) Se reconoce en convenios de la OIT, así como en el «Pacto de Derechos Civiles y Políticos» y en el «Pacto de Derechos Económicos, Sociales y Culturales», ambos elaborados por el Consejo de Europa.
c) Se reconoce en convenios de la OIT y en la Carta Social Europea, entre otras normas internacionales.

d) Se reconoce de forma expresa en convenios de la OIT y en la Carta Social Europea, entre otras normas internacionales. También en el Tratado de Funcionamiento de la Unión Europea, que la incluye entre las materias objeto de la política social de la Unión.

3ª. La previsión del art. 7 de la Constitución Española de 1978, atribuyendo a los sindicatos y a las asociaciones empresariales «la defensa y promoción de los intereses económicos y sociales que les son propios», implica la asunción por unos y otras de:
a) Una representación particular de efectos limitados a los afiliados y a aquellos otros que hayan otorgado un poder al respecto.
b) Una representación particular cuyos efectos pueden llegar a todos los pertenecientes al grupo social representado y, por lo tanto, tanto a los afiliados como a los no afiliados.
c) Una representación equiparable a la de derecho privado, fundada en el previo apoderamiento voluntario producido con el acto de afiliación.
d) Una representación cuyos efectos se circunscriben al círculo de los afiliados.

4ª. La titularidad de las facultades individuales del derecho de libertad sindical por parte de quienes prestan sus servicios en virtud de un contrato de trabajo:
a) Pueden experimentar restricciones mediando causa objetiva, adecuada, razonable y proporcionada, pues así lo prevé el art. 28.1 de la Constitución Española.
b) Está sometida a las excepciones que contempla la propia Ley Orgánica de Libertad Sindical.
c) Es absoluta.
d) Ninguna de las anteriores respuestas es correcta.

5ª. Los trabajadores autónomos que no cuenten con trabajadores dependientes a su servicio:
a) Pueden constituir asociaciones de empresarios o afiliarse a la asociación de empresarios de su elección.

b) Solo pueden constituir y afiliarse a asociaciones específicas de trabajadores autónomos.

c) Pueden afiliarse al sindicato o a la asociación empresarial de su elección.

d) Pueden constituir sindicatos o afiliarse al sindicato de su elección.

6ª. En España, los miembros de las Fuerzas Armadas:

a) Se encuentran excluidos del derecho de libertad sindical y del derecho de asociación.

b) Tienen reconocido, con fuertes peculiaridades, el derecho de libertad sindical.

c) Pueden constituir y afiliarse a asociaciones específicas que tengan como fin la defensa de sus intereses profesionales.

d) Aunque no pueden participar en la constitución de asociaciones específicas que tengan como fin la defensa de sus intereses profesionales, pueden afiliarse a ellas.

7ª. Los jueces, magistrados y fiscales en activo:

a) No podrán fundar sindicatos que tengan como único objeto la tutela de sus intereses específicos; solo podrán afiliarse a los sindicatos que se constituyan con arreglo a la Ley Orgánica de Libertad Sindical.

b) No pueden constituir sindicatos ni pertenecer a ellos. Solo se les reconoce el derecho a constituir y pertenecer a asociaciones profesionales específicas.

c) Pueden constituir sindicatos o afiliarse al sindicato de su elección, en los términos que establece la Ley Orgánica del Poder Judicial.

d) Pueden optar por afiliarse a una asociación profesional específica o a un sindicato cuya base personal esté compuesta, de forma exclusiva, por jueces, magistrados y fiscales.

8ª. Los funcionarios del cuerpo de Policía Nacional:

a) No podrán ejercer el derecho de libertad sindical. Solo se les reconoce el derecho a constituir y pertenecer a asociaciones profesionales.

b) Solo pueden constituir sindicatos de ámbito nacional y de base personal compuesta, exclusivamente, por policías nacionales.

c) Aunque no pueden constituir sindicatos que tengan como único objeto la tutela de sus intereses singulares, podrán afiliarse a cualesquiera sindicatos constituidos con arreglo a la Ley Orgánica de Libertad Sindical.

d) Pueden constituir sindicatos cuya base personal esté compuesta, de forma exclusiva, por policías nacionales; tal circunstancia impide que los aludidos sindicatos no puedan afiliarse a organizaciones sindicales internacionales de policías.

9ª. Los funcionarios pertenecientes a los cuerpos de policía dependientes de las comunidades autónomas y de las corporaciones locales:

a) No podrán ejercer el derecho de libertad sindical. Solo se les reconoce el derecho a constituir y pertenecer a asociaciones profesionales.

b) Tienen reconocida la libertad sindical con peculiaridades que afectan a la creación de sindicatos y a la afiliación a ellos, así como a los derechos de actividad sindical.

c) Aunque no pueden constituir sindicatos que tengan como objeto la tutela de sus intereses singulares, podrán afiliarse a cualesquiera sindicatos que se constituyan con arreglo a la Ley Orgánica de Libertad Sindical.

d) Tienen reconocida la libertad sindical con peculiaridades, las cuales afectan a los derechos de actividad sindical.

10ª. Con carácter general, las facultades que integran el contenido esencial de la libertad sindical colectiva:

a) Mediando justificación objetiva, adecuada, razonable y proporcionada pueden limitarse por la ley a los sindicatos más representativos.

b) Mediando justificación objetiva, adecuada, razonable y proporcionada pueden limitarse por la ley a los sindicatos que acrediten un especial alto grado de afiliados en el ámbito nacional o autonómico.

c) Pertenecen a todos los sindicatos formalmente constituidos, con independencia de su implantación, grado de afiliación, representatividad, etc.

d) Mediando justificación objetiva, adecuada, razonable y proporcionada pueden limitarse por la ley a los sindicatos que acrediten contar en un determinado ámbito funcional y territorial una especialmente intensa actividad sindical o un elevado número de afiliados.

11ª. Con carácter general, el ejercicio de la libertad de no afiliación por parte de los trabajadores:

a) Les permite participar en las actividades sindicales programadas por los sindicatos siempre que estos lo autoricen.

b) Solo les permite participar en las huelgas convocadas por los sindicatos.

c) Les impide participar en las actividades sindicales programadas por los sindicatos.

d) No les impide participar en las actividades sindicales programadas por los sindicatos.

12ª. No forma parte del contenido esencial de la libertad sindical:

a) El derecho de los afiliados a elegir libremente a sus representantes dentro del sindicato al que pertenezcan.

b) El derecho del sindicato a convocar la elección a órganos de representación unitaria.

c) El derecho del sindicato a organizar su administración interna y sus actividades, así como a formular su programa de acción.

d) El derecho del sindicato a la transmisión de información sindical a los trabajadores, afiliados o no, así como a la convocatoria y celebración de reuniones dirigidas a estos últimos.

13ª. La libertad de afiliación:

a) Se supedita a que el interesado observe los requisitos de afiliación que determine la ley.

b) Es un derecho absoluto. Solo depende de la voluntad y condiciones de la persona que pretenda ejercitarla.

c) Solo se puede supeditar a que la persona que pretenda ejercitarla realice un trabajo en comprendido en el ámbito funcional y territorial del correspondiente sindicato.

d) Se supedita a que la persona interesada observe los requisitos que puedan establecer los estatutos del sindicato en el que pretenda la afiliación.

14ª. Los estatutos de un sindicato incluyen entre las condiciones de afiliación de los trabajadores el que hayan obtenido, cuando sean extranjeros de países no pertenecientes a la Unión Europea, la autorización de estancia y residencia en España. Tal condición:

a) Es válida, pues el sindicato que acepta la afiliación de un trabajador extranjero que no haya obtenido la autorización de estancia y de residencia incurre en igual responsabilidad administrativa que la empresa que haya contratado a dicho trabajador.

b) Es válida, pues se ajusta a uno de los requisitos de afiliación previstos de forma expresa en la Ley Orgánica de Libertad Sindical.

c) Es nula.

d) Es válida, pues coincide con el requisito que establece el art. 11.1 de la Ley Orgánica sobre derechos y libertades de los extranjeros en España y su integración social.

15ª. Los promotores de un sindicato nos consultan sobre las condiciones de afiliación que podrían incorporar válidamente a los estatutos de aquel. Le debemos responder que deben descartar, por contraria a la libertad de afiliación, la inclusión del requisito:

a) De que la solicitud de afiliación cuente con el aval de algún afiliado.

b) De que el solicitante de la afiliación se comprometa a mantener esta por un período mínimo de cinco años.

c) De que el solicitante de la afiliación se comprometa a respetar las normas estatutarias.

d) De que el solicitante de la afiliación se comprometa a cumplir los acuerdos adoptados regularmente por los órganos de gobierno del sindicato.

16ª. La libertad de no afiliación:
a) Es compatible con ciertos pactos colectivos a través de los cuales el sindicato negociador pretenda para los trabajadores afiliados determinadas ventajas exclusivas, ajenas al empleo y a las condiciones de trabajo.
b) Se opone, en todo caso, a cualquier tipo de pactos colectivos a través de los cuales el sindicato negociador pretenda para los trabajadores afiliados determinadas ventajas exclusivas.
c) Es compatible con ciertos pactos colectivos a través de los cuales el sindicato negociador pretenda para los trabajadores afiliados determinadas ventajas exclusivas, como una mejora de sus condiciones de trabajo.
d) Es compatible con ciertos pactos colectivos a través de los cuales el sindicato negociador pretenda para los trabajadores afiliados una ventaja exclusiva de mantenimiento del empleo en los casos de despido colectivo o en materia de suspensión del contrato de trabajo o reducción de jornada por causas económicas, técnicas, organizativas o de producción.

17ª. La recaudación de la cuota sindical por parte de la empresa solo es posible si media:
a) Previsión expresa en convenio colectivo, aceptación escrita por parte del trabajador afiliado y conformidad del sindicato.
b) Previa solicitud y conformidad del sindicato al que pertenezca el trabajador afiliado.
c) Previa solicitud del sindicato y conformidad del trabajador afiliado.
d) Previsión expresa en el convenio colectivo aplicable y previa solicitud y conformidad del sindicato y del trabajador.

18ª. Un sindicato solicita el descuento de la cuota sindical de los trabajadores afiliados que prestan servicios en la empresa

Electromecánica Industrial, S. A. y acompaña a su solicitud los documentos que incorporan la conformidad de cada uno aquellos. Una vez comprobado que el convenio colectivo aplicable omite el tratamiento del descuento, la empresa nos pide que le indiquemos si está obligada a atender la solicitud del sindicato. Le debemos responder:

a) Que no, pues los trabajadores deben prestar su conformidad a la propia empresa, careciendo de validez la manifestada al sindicato.

b) Que no. De acuerdo con la Ley Orgánica de Libertad Sindical, la obligación empresarial de descuento precisa ser desarrollada por el convenio colectivo.

c) Que sí, pues la obligación de descuento no precisa que aparezca prevista en el convenio colectivo aplicable.

d) Que no. Aunque la obligación de descuento no requiere previsión expresa en el convenio colectivo aplicable, precisa que tanto el sindicato como el trabajador soliciten y acepten de forma expresa tal descuento.

19ª. La expulsión de un trabajador del sindicato al que estaba afiliado llevada a cabo con omisión de los requisitos formales previstos en los estatutos:

a) No es contraria a la libertad sindical.

b) Es contraria a la libertad sindical y, por lo tanto, susceptible de control por parte de la administración laboral.

c) Es contraria a la libertad sindical y, por lo tanto, susceptible de control por parte de los órganos jurisdiccionales del orden social.

d) No impide que pueda ser calificada de válida. La nulidad de la expulsión queda reservada para los casos de omisión de los requisitos de fondo previstos en los estatutos.

20ª. El contenido adicional de la libertad sindical:

a) Es ajeno al derecho fundamental de libertad sindical.

b) Solo forma parte del derecho fundamental de libertad sindical si así lo dispone las leyes o los convenios colectivos que hayan establecido dicho contenido.

c) Forma parte del derecho fundamental de libertad sindical.

d) Solo forma parte del derecho fundamental de libertad sindical cuando lo disponga la ley.

21ª. No forma parte del contenido adicional de la libertad sindical, según confirma el Tribunal Constitucional:
a) La participación institucional.
b) La obtención de cesiones temporales del uso de inmuebles patrimoniales públicos regulada por la Ley 4/1986.
c) El derecho a la negociación colectiva laboral.
d) La presentación de candidaturas a las elecciones de órganos de representación unitaria.

22ª. El derecho que tienen determinadas secciones sindicales de empresa o centro de trabajo a estar representadas por delegados sindicales, con las competencias y garantías que establece el art. 10 de la Ley Orgánica de Libertad Sindical:
a) Forma parte del contenido esencial de la libertad sindical cuando las referidas secciones correspondan a sindicatos más representativos.
b) Forma parte del contenido esencial de la libertad sindical cuando las referidas secciones correspondan a sindicatos con suficiente implantación, por su audiencia electoral o el número de afiliados.
c) Forma parte del contenido esencial de la libertad sindical.
d) Forma parte del contenido adicional de la libertad sindical.

23ª. Con carácter general, el establecimiento por disposiciones legales o convenios colectivos de facultades que componen el contenido adicional de la libertad sindical:
a) Requiere que tales facultades se atribuyan a cualesquiera sindicatos, sin excepción.
b) Puede reservarse, mediando justificación objetiva, adecuada, razonable y proporcionada, a los sindicatos que acrediten cierta representatividad determinada por la ley u otros requisitos.
c) Requiere que tales facultades se reserven a los sindicatos más representativos.

d) Requiere que tales facultades se reserven a los sindicatos más representativos o que acrediten suficiente implantación, por su audiencia electoral o el alto número de afiliados con que cuenten.

24ª. De acuerdo con el criterio del Tribunal Constitucional, la promoción de elecciones a delegados de personal y miembros de comités de empresa:
a) Forma parte del contenido adicional de la libertad sindical.
b) Corresponde, por formar parte del contenido adicional de la libertad sindical, a todos los sindicatos que acrediten una especial y suficiente implantación por su audiencia electoral o el alto número de afiliados con que cuenten.
c) Forma parte del contenido esencial de la libertad sindical y, por lo tanto, corresponde a todos los sindicatos.
d) Corresponde exclusivamente, por formar parte del contenido adicional de la libertad sindical, a los sindicatos más representativos de ámbito estatal o autonómico.

25ª. El derecho de los empresarios a constituir organizaciones o asociaciones profesionales propias:
a) Está amparado por el general derecho de asociación que reconoce el art. 22 de la Constitución Española.
b) Constituye un derecho cuyo reconocimiento depende de su concesión por ley ordinaria.
c) No forma parte de los derechos fundamentales que reconoce la Constitución Española.
d) Forma parte del derecho de libre sindicación que reconoce el art. 28.1 de la Constitución Española.

26ª. La Ley 19/1977, de 1 de abril, reguladora del derecho de asociación sindical, se aplica:
a) Tanto a los sindicatos como a las asociaciones profesionales de trabajadores autónomos.
b) Solo a las organizaciones empresariales.

c) A los sindicatos, a las organizaciones empresariales y a las asociaciones profesionales de trabajadores autónomos.

d) Tanto a los sindicatos como a las organizaciones empresariales.

27ª. La titularidad plena del derecho de asociación empresarial, comprensiva del derecho a participar en la constitución de asociaciones empresariales entre cuyos fines esenciales figure la intervención en las relaciones laborales, se reconoce:

a) A los empresarios, tanto si son personas físicas como personas jurídicas, siempre que den ocupación a trabajadores subordinados.

b) A los empresarios, tanto si son personas físicas como personas jurídicas, con independencia de que den o no ocupación a trabajadores subordinados.

c) Además de a los empresarios, tanto si son personas físicas como jurídicas, a los trabajadores autónomos que no dispongan de trabajadores subordinados a su servicio.

d) Ninguna de las anteriores respuestas es correcta.

28ª. La constitución de una asociación empresarial con objeto de intervenir en el campo de las relaciones laborales:

a) Debe producirse, necesariamente, con arreglo a la Ley 19/1977, de 1 de abril, reguladora del derecho de asociación sindical.

b) Debe producirse necesariamente, para no afectar a los derechos de actividad de la asociación de que se trate, con arreglo a la Ley Orgánica 1/2002, de 22 de marzo, reguladora del Derecho de Asociación.

c) Puede producirse con arreglo a la Ley 19/1977 o a la Ley Orgánica 1/2002. La opción por la constitución con arreglo a una u otra Ley no afecta, en ningún caso, a los derechos de actividad de la asociación que se constituya.

d) Puede producirse con arreglo a la Ley 19/1977 o a la Ley Orgánica 1/2002; sin embargo, según la jurisprudencia, la opción por la constitución de acuerdo con una u otra Ley afecta a los derechos de actividad de la asociación que se constituya.

29ª. La representación institucional que la Ley Orgánica de Libertad Sindical y el Estatuto de los Trabajadores garantizan a las organizaciones sindicales y empresariales más representativas puede ser invocada por estas:

a) A efectos de la desarrollada ante las administraciones públicas y otras entidades y organismos de carácter estatal, así como a efectos de las formas de representación institucional establecidas por el derecho de la Unión Europea, sin necesidad de previsión legal al respecto.

b) A efectos de la desarrollada ante las administraciones públicas y otras entidades y organismos de carácter estatal o de comunidad autónoma que la tengan prevista.

c) A efectos de la desarrollada ante las administraciones públicas y otras entidades y organismos de carácter estatal o de comunidad autónoma que la tengan prevista, así como a efectos de la representación institucional establecida por la OIT y el Consejo de Europa.

d) A efectos de cualquier forma de participación institucional, nacional o supranacional, sin necesidad de previsión legal al respecto.

30ª. Los pactos o acuerdos relativos al contenido que habrá de tener una determinada disposición legal o reglamentaria y fruto del diálogo social desarrollado entre el Gobierno de la Nación o de una comunidad autónoma y los sindicatos y las asociaciones empresariales:

a) Son pactos o acuerdos políticos de cumplimiento no susceptible de ser exigido judicialmente.

b) Son pactos o acuerdos políticos de cumplimiento susceptible de ser exigido judicialmente, ante los tribunales laborales.

c) Constituyen una manifestación del derecho a la negociación colectiva laboral que reconoce el art. 37.1 de la Constitución Española.

d) Constituyen una manifestación del derecho a la negociación colectiva que reconoce el art. 6.3.b) de la Ley Orgánica de Libertad Sindical a las organizaciones sindicales y empresariales que tengan la condición de más representativas.

31ª. Una vez que la oficina pública que reciba la solicitud de depósito de los estatutos de un sindicato o de una asociación empresarial compruebe que cumple todos los requisitos legales y reglamentarios:

a) Dictará resolución autorizando la constitución del sindicato o de la asociación empresarial y disponiendo el depósito de los estatutos y del acta fundacional, así como la publicidad de la indicada resolución.

b) Dictará resolución autorizando la constitución del sindicato o de la asociación empresarial.

c) Dictará resolución autorizando la constitución del sindicato o de la asociación empresarial y la publicidad de dicha resolución.

d) Dictará resolución disponiendo el depósito de los estatutos y del acta fundacional y la publicidad de dicho depósito.

32ª. El procedimiento de constitución de un sindicato o de una asociación empresarial.

a) Se inicia de oficio por la oficina pública competente para su tramitación, una vez que dicha oficina tenga conocimiento de la correspondiente acta fundacional.

b) Se inicia mediante solicitud presentada ante la oficina pública por los promotores del sindicato o de la asociación empresarial de que se trate o la persona que estos hubieran designado al efecto.

c) Se inicia de oficio o a instancia de parte; lo primero cuando el sindicato o asociación empresarial que se pretenda constituir sea de ámbito estatal.

d) Todas las anteriores respuestas son correctas.

33ª. La oficina pública competente para conocer de la constitución de un sindicato o de una asociación empresarial:

a) Es la dependiente de la Administración laboral del Estado.

b) Es la dependiente de la Administración General del Estado y, en concreto, del Ministerio del Interior.

c) Es, según que el ámbito territorial del sindicato o de la asociación empresarial de que se trate supere o no el de una comunidad autónoma, la adscrita a la Administración laboral del Estado o la establecida por la normativa de la correspondiente comunidad autónoma.

d) Es la dependiente de la Administración General del Estado y, en concreto, del Ministerio que en cada momento tenga a su cargo el registro de las asociaciones.

34ª. El control que ejerce la oficina pública competente para conocer de la constitución de un sindicato o de una asociación empresarial.

a) Debe limitarse a la comprobación de que la solicitud presentada al respecto y la documentación que la acompaña cumplen los requisitos legal y reglamentariamente establecidos.

b) Es, necesariamente, de fondo; esto es, destinado a la comprobación de que los estatutos del sindicato o de la asociación empresarial cuya constitución se promueve no incluyan preceptos o cláusulas contrarias a la Constitución o a las leyes.

c) Es tanto de naturaleza formal como de fondo.

d) Aunque se limita, con carácter general, a la comprobación de si la solicitud presentada al respecto reúne los requisitos formales legal o reglamentariamente establecidos, permite suspender el plazo para disponer el depósito de los estatutos hasta que ser supriman de ellos aquellos preceptos que la propia oficina pública considere contrarios al contenido esencial de la libertad sindical o del derecho de asociación empresarial.

35ª. La resolución de la oficina pública que rechace el depósito de los estatutos de un sindicato o una asociación empresarial:

a) Es directamente impugnable ante los tribunales del orden contencioso-administrativo, a través del proceso especial regulado al efecto.

b) Es directamente impugnable ante los tribunales laborales.

c) Es impugnable en vía administrativa y, agotada esta, ante los tribunales del orden contencioso-administrativo.

d) Es impugnable ante los tribunales laborales, a través del proceso especial de tutela de derechos fundamentales y libertades públicas.

36ª. Un sindicato o una asociación empresarial adquiere personalidad jurídica y plena capacidad de obrar:
a) Transcurridos veinte días hábiles a contar desde el siguiente a la resolución de la oficina pública disponiendo el depósito de los estatutos y del acta fundacional, así como la publicidad de dicho depósito.
b) Transcurridos veinte días hábiles a contar desde el siguiente a la presentación de la solicitud de depósito de los estatutos y del acta fundacional.
c) Transcurrido un mes a contar desde el día siguiente al de la presentación de la solicitud de depósito de los estatutos y del acta fundacional.
d) A partir del día siguiente de la resolución de la oficina pública disponiendo el depósito de los estatutos y del acta fundacional, así como la publicidad de dicho depósito.

37ª. En el caso de fusión de dos o más sindicatos, los resultados obtenidos por estos en las elecciones a órganos de representación unitaria en las que hubieran participado:
a) Continuarán imputándose, hasta la celebración de nuevas elecciones, a cada uno de uno de tales sindicatos.
b) Salvo que en el acuerdo de fusión se disponga lo contrario, pasarán a imputarse a la nueva organización sindical fruto de la fusión.
c) Pasarán a imputarse a la nueva organización sindical fruto de la fusión.
d) Dejarán de ser computables a efectos de la atribución legal de la representatividad sindical.

38ª. Con carácter general, los estatutos de un sindicato o de una asociación empresarial:
a) Deben agotar la regulación de todos y cada uno de los aspectos del funcionamiento y actuaciones del sindicato o de la asociación empresarial.

b) Pueden remitir algún punto concreto o la precisión o el desarrollo de sus cláusulas a una regulación posterior, salvo las relativas al régimen de suspensión o baja de los afiliados o asociados.

c) Pueden remitir algún punto concreto o la precisión o el desarrollo de algunas de sus cláusulas a una regulación posterior, salvo las relativas a la adquisición de la condición de afiliado y al régimen económico.

d) Pueden remitir algún punto concreto o la precisión o el desarrollo de algunas de sus cláusulas a una regulación posterior.

39ª. La adopción de la suspensión o disolución forzosa de los sindicatos o de las organizaciones empresariales compete:

a) Al orden jurisdiccional contencioso-administrativo.

b) Al orden jurisdiccional civil.

c) Al orden jurisdiccional social.

d) Al orden jurisdiccional penal.

40ª. El conocimiento de la impugnación por ilegalidad de los estatutos de un sindicato o de una asociación empresarial compete:

a) Al orden jurisdiccional contencioso-administrativo.

b) Al orden jurisdiccional civil.

c) Al orden jurisdiccional penal.

d) Al orden jurisdiccional social.

41ª. ¿Cuál de las siguientes materias no forma parte del contenido mínimo de los estatutos de un sindicato?:

a) Las ventajas asistenciales a las que tendrán derecho los afiliados.

b) El régimen de fusión y disolución.

c) El régimen económico.

d) Los requisitos y el procedimiento para la adquisición y pérdida de la condición de afiliado.

42ª. La acción de impugnación de los estatutos de un sindicato o de una asociación empresarial por ilegalidad se puede ejercitar:

a) A partir del depósito de los estatutos llevado a cabo por la oficina pública.

b) A partir del momento de la publicación de los estatutos en el correspondiente diario oficial.

c) Solo una vez que el sindicato haya adquirido personalidad jurídica y plena capacidad de obrar.

d) A partir del día siguiente a la resolución de la oficina pública que aprecie la ilegalidad.

43ª. El fallo de la sentencia que ponga fin al proceso de impugnación de los estatutos de un sindicato o de una asociación empresarial por ilegalidad:

a) Se limitará a la declaración de la nulidad de las cláusulas que se estimen ilegales.

b) Declarará la nulidad de las cláusulas que se estimen ilegales y procederá a indicar a la organización sindical o a la asociación empresarial demandada qué deben hacer para salvar dicha nulidad.

c) Declarará la nulidad de las cláusulas que se estimen ilegales y procederá a su sustitución por otras que se consideren válidas.

d) Condenará a la organización sindical o a la asociación empresarial afectada a que proceda a la inmediata sustitución de las cláusulas nulas por otras válidas.

44ª. La prohibición de injerencia de los poderes públicos en la organización y el funcionamiento de las organizaciones sindicales y empresariales:

a) Solo es compatible con la concesión a tales organizaciones de ayudas económicas o subvenciones públicas.

b) Impide a los aludidos poderes públicos la concesión a tales organizaciones de cualesquiera ayudas económicas o subvenciones.

c) Solo es compatible con la concesión de ayudas económicas o subvenciones a las organizaciones más representativas.

d) Es compatible, con carácter general, con la concesión a tales organizaciones de ayudas económicas o subvenciones con arreglo a criterios de adjudicación y reparto objetivos.

45ª. El importe de las cuotas satisfechas por los afiliados o benefactores de un sindicato o de una asociación empresarial.
a) Únicamente consiente su deducción de los rendimientos del trabajo de dichos afiliados o benefactores, a efectos de la determinación de la base imponible del impuesto sobre la renta de las personas físicas.
b) Disfruta, exclusivamente, de una exención del impuesto sobre sociedades al que están sujetas tanto las organizaciones sindicales como las asociaciones empresariales.
c) No puede ser objeto de exención del impuesto de sociedades, por impedirlo la prohibición de injerencia de los poderes públicos en la organización y funcionamiento de las organizaciones sindicales y empresariales.
d) Ninguna de las anteriores respuestas es correcta.

46ª. El impago injustificado de las cuotas por parte de los afiliados a una organización sindical o empresarial:
a) Puede incluirse en los estatutos de la organización como posible causa de pérdida de la condición de afiliado del trabajador o de la empresa que incurra en dicho impago.
b) Solo consiente ser incluido en los estatutos de la organización como posible causa de suspensión de la condición de afiliado o asociado del trabajador o de la empresa que incurra en dicho impago.
c) No se puede incluir en los estatutos de la organización como posible causa de la suspensión o pérdida de la condición de afiliado de quien incurra en dicho impago. Solo permite a la organización afectada reclamar judicialmente el pago del importe de las cuotas insatisfechas.
d) Comporta, por expresa previsión legal, la pérdida automática de la condición de afiliado o asociado del trabajador o de la empresa que incurra en dicho impago.

47ª. La cesión del uso de los bienes que componen el denominado «patrimonio sindical acumulado» beneficia:

a) A todas las organizaciones sindicales y empresariales, por igual.

b) Preferentemente, a las organizaciones sindicales y empresariales más representativas.

c) Solo a las organizaciones sindicales y empresariales más representativas, de acuerdo con lo previsto en la Ley Orgánica de Libertad Sindical.

d) Solo a las organizaciones sindicales más representativas, de acuerdo con lo previsto en la Ley 4/1986, de cesión de bienes del Patrimonio Sindical acumulado.

48ª. Los actos o acuerdos adoptados en la esfera de sus respectivas competencias estatutarias por los órganos de gobierno de un sindicato o de una asociación empresarial:

a) No puede generar en ningún caso la responsabilidad penal del sindicato o de la asociación empresarial, pues la responsabilidad penal solo es exigible respecto de las personas físicas.

b) Solo puede generar, si fuesen constitutivos de delito, la responsabilidad penal de los miembros de los aludidos órganos de gobierno que hubieran intervenido en su adopción.

c) Pueden generar, en su caso, si fuesen constitutivos de delito, la responsabilidad penal del sindicato o de la asociación empresarial, como persona jurídica.

d) No pueden generar ningún tipo de responsabilidad para el sindicato o la asociación empresarial. Cualquier posible responsabilidad civil, penal o administrativa es exigible, exclusivamente, a los miembros de los órganos de gobierno.

49ª. ¿Qué criterio emplea la Ley Orgánica de Libertad Sindical para atribuir a ciertos sindicatos una singular capacidad representativa?:

a) El del mayor número de afiliados y la mayor amplitud del ámbito funcional y del ámbito territorial de los sindicatos.

b) El del grado de seguimiento de las actividades sindicales organizadas por los sindicatos.

c) El de la audiencia electoral de los sindicatos.

d) El que los sindicatos de que se trate formen parte de una federación o confederación sindical de ámbito estatal o autonómico.

50ª. La atribución a ciertos sindicatos de una singular capacidad representativa, realizada por la Ley Orgánica de Libertad Sindical:

a) Comporta que los aludidos sindicatos puedan, bajo condiciones que satisfagan las exigencias constitucionales del principio de igualdad, contar con ciertas ventajas, incluso exclusivas, a la hora del ejercicio de algunos de los derechos de actividad sindical.

b) No llega al extremo de que se pueda reservar con exclusividad a los aludidos sindicatos los derechos de actividad sindical que forman parte del contenido esencial de la libertad sindical.

c) Permite reservar con exclusividad a los aludidos sindicatos el derecho a la negociación colectiva laboral, comprensivo de la negociación de cualesquiera convenios, pactos o acuerdos colectivos.

d) Permite reservar con exclusividad a los aludidos sindicatos el derecho a promover conflictos colectivos y a intervenir en su solución.

51ª. De acuerdo con la Ley Orgánica de Libertad Sindical, a efectos de la medición de la audiencia electoral de los sindicatos:

a) Solo se computarán los representantes unitarios de los trabajadores con mandato prorrogado en caso de empate de la audiencia electoral acreditada por dos o más sindicatos.

b) Se computarán los representantes unitarios de los trabajadores con mandato prorrogado.

c) No se computarán los representantes unitarios de los trabajadores con mandato prorrogado.

d) Solo se computarán los representantes unitarios de los trabajadores con mandato prorrogado si así lo acuerdan los propios sindicatos interesados.

52ª. La condición de sindicato más representativo:

a) Depende tanto de la audiencia electoral (de los representantes unitarios obtenidos) como del número de afiliados.
b) Depende del número de afiliados.
c) Depende de la audiencia electoral y del desarrollo de las actividades sindicales en todo el Estado o, al menos, en una comunidad autónoma.
d) Depende de la audiencia electoral.

53ª. Es sindicato más representativo por irradiación:
a) El sindicato o ente sindical que cuente en el ámbito funcional y territorial en el que actúe con, al menos, el diez por ciento de los representantes unitarios elegidos y figure afiliado, federado o confederado a una organización sindical que tenga la condición de más representativa de ámbito estatal o de comunidad autónoma.
b) El sindicato o ente sindical afiliado, federado o confederado a una organización sindical que tenga la condición de más representativa de ámbito estatal o de comunidad autónoma.
c) El sindicato o ente sindical que cuente en el ámbito funcional en el que actúe con, al menos, el diez o el quince por ciento de los representantes unitarios elegidos, según que su ámbito territorial sea estatal o de comunidad autónoma, y figure afiliado, federado o confederado a una organización sindical que tenga la condición de más representativa de ámbito estatal o de comunidad autónoma.
d) Todo sindicato o ente sindical que cuente en un determinado ámbito funcional o territorial con, al menos, el diez por ciento de audiencia electoral.

54ª. Un sindicato cuyo ámbito territorial de actuación se circunscribe a una comunidad autónoma en la que cuenta con una audiencia electoral del diecisiete por ciento, equivalente a 1.750 representantes unitarios, está afiliado a una federación de ámbito estatal que no es más representativa en este último ámbito. Tal sindicato:
a) Aunque no puede pretender la condición de mayor representatividad estatal, tiene la condición de directamente más representativo en la referida comunidad autónoma.

b) Es más representativo de comunidad autónoma por irradiación.

c) No puede pretender ser reconocido como más representativo en la referida comunidad autónoma.

d) Adquirirá la condición de más representativo en la referida comunidad autónoma siempre que lo consienta la federación de ámbito estatal de la que forma parte.

55ª. Un sindicato que cuenta en dos comunidades autónomas con los requisitos necesarios para ser más representativo de comunidad autónoma:

a) Solo tendrá la condición de más representativo de comunidad autónoma en aquella en la que cuente con mayor audiencia electoral.

b) Deberá elegir en cuál de esas dos comunidades autónomas quiere hacer valer su condición de mayor representatividad autonómica.

c) Tiene la condición de más representativo de comunidad autónoma en cada una de ellas.

d) Tendrá la condición de más representativo de comunidad autónoma en cada una de ellas siempre que esté federado o confederado a una organización sindical más representativa de ámbito estatal.

56ª. La condición de sindicato más representativo por irradiación:

a) Es independiente de la implantación o audiencia electoral con que cuente el sindicato que la pretenda en el ámbito territorial y funcional en el que se haya constituido y actúe.

b) Requiere que el sindicato que la pretenda alcance los umbrales de audiencia electoral que fija la Ley Orgánica de Libertad Sindical en el concreto ámbito territorial y funcional en el que se haya constituido y actúe.

c) Requiere que el sindicato que la pretenda acredite una mínima implantación, medida por el número de afiliados con que cuenta, en el ámbito territorial y funcional en el que se haya constituido y actúe.

d) Depende de su reconocimiento por la federación o confederación sindical que tenga la condición de directamente más representativa y de la que forme parte el sindicato en cuestión.

57ª. ¿Dispone la Ley Orgánica de Libertad Sindical que las ventajas o atribuciones reconocidas a los sindicatos más representativos de ámbito estatal o de comunidad autónoma, así como las de los sindicatos suficientemente representativos, son exclusivas de ellos?:

a) No. Sin embargo, con carácter general, cabe que la normativa reguladora de alguna de las aludidas ventajas decida privar a los indicados sindicatos de una o algunas de ellas por concurrir una razón objetiva, suficiente y proporcionada que lo justifique.

b) No. Cabe que la normativa reguladora de las aludidas ventajas decida extender alguna o algunas de ellas a otros sindicatos.

c) Sí. La normativa reguladora de las aludidas ventajas no las puede atribuir, en ningún caso, a otros sindicatos.

d) Sí, siempre que se trate de sindicatos directamente más representativos. El carácter exclusivo de las aludidas ventajas no es predicable de los sindicatos más representativos por irradiación.

58ª. La Ley Orgánica de Libertad Sindical no atribuye a los sindicatos más representativos:

a) La representación institucional.

b) La promoción de elecciones para cubrir los órganos de representación unitaria.

c) La declaración de huelgas.

d) La obtención de cesiones temporales del uso de inmuebles patrimoniales públicos.

59ª. ¿En qué ámbitos puede ejercer sus atribuciones un sindicato suficientemente representativo?

a) En cada uno de los ámbitos funcionales y territoriales en los que haya obtenido tal condición.

b) En cada uno de los ámbitos funcionales y territoriales en los que no existan sindicatos directamente más representativos.

c) Solo en uno de los ámbitos funcionales y territoriales en los que haya obtenido tal condición.

d) En cada uno de los ámbitos funcionales y territoriales en los que no existan sindicatos más representativos por irradiación.

60ª. El derecho a la promoción de elecciones a órganos de representación unitaria:
a) Forma parte del contenido esencial de la libertad sindical, por lo que corresponde a cualesquiera sindicatos, con independencia de su audiencia electoral.
b) Se atribuye con exclusividad a los sindicatos que tengan la condición de directamente más representativos de ámbito estatal o de comunidad autónoma.
c) No se atribuye con exclusividad a los sindicatos más representativos de ámbito estatal o de comunidad autónoma.
d) Se atribuye con exclusividad a los sindicatos que sean, directamente o por irradiación, más representativos de ámbito estatal o de comunidad autónoma.

61ª. ¿Qué sindicatos tienen reconocida la posibilidad de personarse como coadyuvantes en los procesos laborales de tutela de derechos fundamentales y libertades públicas en los que corresponda al trabajador la legitimación activa como parte principal?:
a) El sindicato al que esté afiliado el trabajador y cualquier otro sindicato que tenga la condición de más representativo.
b) Los sindicatos más representativos y los suficientemente representativos.
c) Cualesquiera sindicatos y, en particular, el sindicato al que esté afiliado el trabajador.

62ª. Es asociación empresarial más representativa de ámbito estatal aquella que cuente en este ámbito con empresas asociadas:
a) Que representen el diez por ciento o más de las existentes.
b) Que representen el quince por ciento o más de las existentes y den ocupación a igual porcentaje de trabajadores.

c) Que representen el diez por ciento o más de las existentes y den ocupación al diez por ciento o más de los trabajadores.

63ª. ¿A qué sindicatos se reconoce la posibilidad de personarse como partes en el proceso de conflictos colectivos, aun cuando no lo hayan promovido, siempre que su ámbito de actuación se corresponda o sea más amplio que el del conflicto?
a) A todos los sindicatos cuyo ámbito de actuación sea el indicado en el enunciado de la pregunta.
b) A los más representativos de ámbito estatal o de comunidad autónoma, así como a los suficientemente representativos.
c) A los más representativos de ámbito estatal o de comunidad autónoma.

64ª. La condición de asociaciones empresariales más representativas de ámbito estatal o de comunidad autónoma:
a) Depende del número de empresarios afiliados con los que cuenten. Los trabajadores autónomos afiliados no son computables a estos efectos.
b) Depende del número de empresarios afiliados con los que cuenten y de los trabajadores subordinados o autónomos a los que estos den ocupación.
c) Depende del número de empresarios afiliados con los que cuenten y de los trabajadores subordinados a los que estos den ocupación.

65ª. ¿A qué asociaciones empresariales se reconoce la posibilidad de personarse como partes en el proceso de conflictos colectivos, aun cuando no lo hayan promovido, siempre que su ámbito de actuación se corresponda o sea más amplio que el del conflicto?
a) Solo a las más representativas de ámbito estatal o de comunidad autónoma.
b) A las representativas en los términos del art. 87 del vigente texto refundido de la Ley del Estatuto de los Trabajadores.

c) Solo a aquellas cuyo ámbito de actuación sea el indicado en el enunciado de la pregunta.

CONTESTACIÓN A LAS PREGUNTAS TEST 1ª A 65ª

Nombre:
Apellidos:

Pregunta	Marque la respuesta correcta			
1ª	A	B	C	D
2ª	A	B	C	D
3ª	A	B	C	D
4ª	A	B	C	D
5ª	A	B	C	D
6ª	A	B	C	D
7ª	A	B	C	D
8ª	A	B	C	D
9ª	A	B	C	D
10ª	A	B	C	D
11ª	A	B	C	D
12ª	A	B	C	D
13ª	A	B	C	D
14ª	A	B	C	D
15ª	A	B	C	D
16ª	A	B	C	D
17ª	A	B	C	D
18ª	A	B	C	D
19ª	A	B	C	D
20ª	A	B	C	D

21ᵃ	A	B	C	D
22ᵃ	A	B	C	D
23ᵃ	A	B	C	D
24ᵃ	A	B	C	D
25ᵃ	A	B	C	D
26ᵃ	A	B	C	D
27ᵃ	A	B	C	D
28ᵃ	A	B	C	D
29ᵃ	A	B	C	D
30ᵃ	A	B	C	D
31ᵃ	A	B	C	D
32ᵃ	A	B	C	D
33ᵃ	A	B	C	D
34ᵃ	A	B	C	D
35ᵃ	A	B	C	D
36ᵃ	A	B	C	D
37ᵃ	A	B	C	D
38ᵃ	A	B	C	D
39ᵃ	A	B	C	D
40ᵃ	A	B	C	D
41ᵃ	A	B	C	D
42ᵃ	A	B	C	D
43ᵃ	A	B	C	D
44ᵃ	A	B	C	D
45ᵃ	A	B	C	D
46ᵃ	A	B	C	D

47ª	A	B	C	D
48ª	A	B	C	D
49ª	A	B	C	D
50ª	A	B	C	D
51ª	A	B	C	D
52ª	A	B	C	D
53ª	A	B	C	D
54ª	A	B	C	D
55ª	A	B	C	D
56ª	A	B	C	D
57ª	A	B	C	D
58ª	A	B	C	D
59ª	A	B	C	D
60ª	A	B	C	D
61ª	A	B	C	
62ª	A	B	C	
63ª	A	B	C	
64ª	A	B	C	
65ª	A	B	C	

B) PREGUNTAS TEST SOBRE LA TUTELA DE LA LIBERTAD SINDICAL Y LA PARTICIPACIÓN Y REPRESENTACIÓN COLECTIVA DE LOS TRABAJADORES EN LA EMPRESA

66ª. Con carácter general, los afectados por una conducta antisindical pueden solicitar la tutela de los tribunales ordinarios por medio de un procedimiento basado en los principios de preferencia y sumariedad, así como del Tribunal Constitucional, mediante el recurso de amparo, una vez agotada la vía ante los tribunales ordinarios:

a) Tanto si dicha conducta lesiona facultades integrantes del contenido esencial como del contenido adicional de la libertad sindical.

b) Solo cuando dicha conducta lesione facultades integrantes del contenido esencial de la libertad sindical.

c) Tanto si dicha conducta lesiona facultades integrantes del contenido esencial como del contenido adicional de la libertad sindical, aunque esto último cuando así lo establezca una disposición legal.

67ª. Una vez agotada la vía judicial interna, comprensiva, en su caso, del empleo del recurso de amparo ante el Tribunal Constitucional, cabe la posibilidad de demandar la tutela de la libertad sindical, por violación del art. 11 del Convenio para la Protección de los Derechos Humanos y de las Libertades Fundamentales.

a) Ante el Tribunal de Justicia de la Unión Europea.

b) Ante el Comité de Libertad Sindical de la OIT.

c) Ante el Tribunal Europeo de Derechos Humanos.

68ª. El conocimiento de las pretensiones de tutela del personal laboral frente a una conducta lesiva de su libertad sindical por parte de la administración pública empleadora compete:

a) Al orden jurisdiccional social o al contencioso-administrativo, según el tipo de pretensión que se ejercite.

b) Al orden jurisdiccional contencioso-administrativo.

c) Al orden jurisdiccional social.

69ª. El conocimiento de las pretensiones de tutela de los funcionarios frente a una conducta lesiva de su libertad sindical por parte de la administración pública para la que presten servicios compete:

a) Al orden jurisdiccional social.

b) Al orden jurisdiccional social o al contencioso-administrativo, según el tipo de pretensión que se ejercite.

c) Al orden jurisdiccional contencioso-administrativo.

70ª. La conducta del empresario que lesione el ejercicio de la libertad sindical:

a) Abre la posibilidad de recabar la tutela del correspondiente derecho ante los tribunales laborales (la jurisdicción de orden social), por la vía del recurso de amparo constitucional.

b) Es siempre constitutiva de delito.

c) Puede dar lugar a la responsabilidad administrativa del empresario, si reúnen las condiciones para su inclusión en alguna de las infracciones que tipifica el texto refundido de la Ley sobre Infracciones y Sanciones en el Orden Social.

71ª. Un trabajador pretende obtener tutela judicial frente al despido disciplinario del que ha sido objeto, cuya motivación real considera que obedece a su intervención destacada en la actividad sindical desarrollada durante el reciente conflicto colectivo que ha afectado a la empresa ¿por qué modalidad procesal debe tramitar su demanda?:

a) Por la modalidad procesal de tutela de derechos fundamentales y libertades públicas o de despido disciplinario, según elija el propio trabajador.

b) Por la modalidad procesal de despido disciplinario.

c) Por la modalidad procesal de tutela de derechos fundamentales y libertades públicas.

72ª. El conocimiento de las pretensiones de tutela de un sindicato específico de funcionarios frente a conductas antisindicales de otro sindicato que cuenta entre sus afiliados tanto con funcionarios como con trabajadores titulares de un contrato de trabajo compete:

a) Al orden jurisdiccional contencioso-administrativo.

b) Al orden jurisdiccional social.

c) Al orden jurisdiccional social o al orden jurisdiccional contencioso-administrativo, según que la mayor parte de los afiliados del sindicato demandado sean trabajadores o funcionarios.

73ª. El conocimiento de las pretensiones de tutela de un sindicato específico de funcionarios frente a conductas antisindicales de otro sindicato que cuenta entre sus afiliados solo con funcionarios compete:

a) Al orden jurisdiccional social o al orden jurisdiccional contencioso-administrativo, según la naturaleza de la lesión de la libertad sindical atacada.

b) Al orden jurisdiccional contencioso-administrativo.

c) Al orden jurisdiccional social.

74ª. De acuerdo con la Directiva 2009/38/CE del Parlamento Europeo y del Consejo, de 6 de mayo de 2009, sobre la constitución de un comité de empresa europeo o de un procedimiento de información y consulta a los trabajadores en las empresas y grupos de empresas de dimensión comunitaria, las competencias de dicho comité o el contenido del procedimiento de información o consulta alternativo se limitarán a las cuestiones transnacionales que afecten:

a) Al grupo de empresas de dimensión comunitaria o, al menos, a tres de sus empresas o establecimientos situados en Estados miembros diferentes.

b) Al conjunto de la empresa o del grupo de empresas de dimensión comunitaria o, al menos, a dos empresas o establecimientos de la empresa o del grupo situados, como máximo, en dos Estados miembros.

c) Al menos a empresas o establecimientos de la empresa o del grupo situados en tres Estados miembros.

75ª. El art. 129.2 de la Constitución Española de 1978:
a) Predetermina las diferentes formas de participación de los trabajadores en la empresa que deben promover los poderes públicos, así como sus ámbitos materiales.
b) Solo predetermina las distintas formas de participación de los trabajadores en la empresa que deben promover los poderes públicos.
c) Presta soporte a la regulación promocional que lleven a cabo los poderes públicos en relación con cualesquiera posibles formas de participación de los trabajadores en la empresa.

76ª. La existencia de órganos de representación unitaria:
a) Es compatible con la de los órganos de representación sindical siempre que los miembros de esta no formen también parte de los órganos de representación unitaria.
b) Es incompatible con la de los órganos de representación sindical.
c) Es compatible con la de los órganos de representación sindical.

77ª. Los órganos a los que la ley atribuye la representación unitaria:
a) No tienen naturaleza sindical ni asociativa.
b) Tienen naturaleza asociativa.
c) Pasan a tener naturaleza sindical cuando sus miembros se hayan presentado a las correspondientes elecciones en candidaturas sindicales.

78ª. La unidad o circunscripción electoral en la que puede tener lugar la promoción de las elecciones para la constitución de órganos de representación unitaria:
a) La pueden determinar libremente los promotores de la elección.
b) Compete determinarla libremente a los trabajadores que tengan la condición de electores.

c) Viene predeterminada por la ley mediante reglas de derecho necesario absoluto.

79ª. Se puede tomar como unidad o circunscripción electoral:
a) Una categoría o grupo de trabajadores, en atención a las peculiaridades de la actividad desarrollada por estos y por decisión de los promotores de la elección.
b) Una agrupación de centros de trabajo, en los supuestos especiales y excepcionales autorizados por la ley.
c) Una categoría o grupo de trabajadores, en virtud de acuerdo fundado en las peculiaridades de la actividad que desarrollan estos y adoptado en asamblea convocada al efecto.

80ª. Una empresa pesquera dispone de tres buques dedicados a la pesca de altura, con registro de matrícula canario y puerto base en Vigo. Uno de esos buques ocupa a 53 trabajadores, otro a 18 y el tercero a 14. En la situación descrita, ¿cuántas unidades o circunscripciones electorales procede constituir a efectos de las elecciones a órganos de representación unitaria?:
a) Dos unidades: la constituida por el buque de 53 trabajadores y la formada por los otros dos buques.
b) Tres unidades, pues cada buque se considera centro de trabajo a los efectos indicados.
c) Una única unidad, pues procede la elección de un comité de flota pesquera.

81ª. Una empresa dispone de dos centros de trabajo ubicados en municipios limítrofes de distintas provincias. En uno de los centros prestan servicios 30 trabajadores; en el otro, 39. Todos los trabajadores figuran contratados por tiempo indefinido. Ante la consulta que se nos hace sobre los órganos de representación unitaria que corresponde constituir y el número de sus miembros le debemos responder:

a) Que corresponde la elección de delegados de personal; de uno en el primer centro y de tres en el segundo.

b) Que corresponde la constitución de un comité de empresa conjunto con cinco miembros.

c) Que corresponde la elección de delegados de personal y, en concreto, habrán de elegirse tres en cada uno de los centros.

82ª. La empresa Servimecánica, S. L. cuenta con un único centro de trabajo en el que prestan servicios seis trabajadores, todos fijos. ¿Pueden estos trabajadores elegir un delegado de personal?:

a) No.

b) Sí, siempre que lo acuerden por unanimidad.

c) Sí, siempre que lo acuerden por mayoría.

83ª. En una empresa que dispone de cuatro centros de trabajo en la misma provincia, uno con 27 trabajadores, otro con 13, otro con 9 y otro con 5, los trabajadores pretenden promover la elección de órganos de representación unitaria y nos piden informe sobre si puede acumularse la plantilla de todos o de algunos de esos centros a efectos de la elección. Le debemos responder:

a) Que sí; procede la obligada elección de un comité de empresa conjunto.

b) Que no.

c) Que sí, aunque solo la de los dos primeros centros (los que cuentan con 27 y 13 trabajadores), a efectos de elegir tres delegados de personal conjuntos.

84ª. Una empresa dispone de 7 centros de trabajo (A, B, C, D, E, F y G) ubicados en municipios limítrofes de distintas provincias. En tales centros prestan servicios, respectivamente, 11, 8, 7, 6, 5, 4 y 3 trabajadores, todos contratados por tiempo indefinido. Ante la consulta que se nos hace sobre los órganos de

representación unitaria que corresponde constituir y el número de sus miembros le debemos responder, de acuerdo con el criterio del Tribunal Supremo:

a) Que corresponde la agrupación de plantilla de los distintos centros a efectos de designar tres delegados de personal conjuntos.

b) Que en el centro A procede designar un delegado de personal. En cada uno los centros B, C y D, aunque cabe designar un delegado de personal, es preciso que así lo decidan por mayoría los trabajadores del correspondiente centro.

c) Que se trata de un supuesto excepcional en el que cabe, por el número de centros, la designación de un comité de empresa conjunto.

85ª. El comité intercentros tiene las competencias y la capacidad de obrar:

a) Que le atribuye el Estatuto de los Trabajadores, coincidentes con las de los comités de empresa.

b) Que le atribuye la Ley Orgánica de Libertad Sindical.

c) Que le atribuya el convenio colectivo que disponga su creación.

86ª. Una empresa donde existe, de acuerdo con su actual plantilla de trabajadores, un único delegado de personal se dispone a celebrar tres nuevas contrataciones en virtud de las cuales su plantilla pasará a contar con 32 trabajadores fijos. A la pregunta del indicado delegado de personal sobre la repercusión de tales contrataciones sobre la representación unitaria debemos responder:

a) Que procede la promoción de una elección parcial de dos nuevos delegados de personal.

b) Que las nuevas contrataciones no afectarán a la situación de la representación unitaria hasta la celebración de las nuevas elecciones, coincidiendo con el término del mandato del actual delegado de personal.

c) Que procede dar por terminado el mandato del actual delegado de personal y promover la celebración de nuevas elecciones para cubrir tres puestos de delegados de personal.

87ª. Las reglas sobre el número de delegados de personal y miembros del comité de empresa que corresponde elegir:
a) Son susceptibles de mejora por convenio colectivo.
b) Se aplican en defecto de convenio o pacto colectivo que determine dicho número.
c) Son de derecho necesario absoluto.

88ª. Una copia del reglamento de procedimiento elaborado por el comité de empresa:
a) Debe remitirse a la autoridad laboral, a efectos de su registro, así como a la empresa.
b) Debe remitirse a la autoridad laboral, a efectos de su aprobación, y a la empresa.
c) Debe remitirse, además de a la empresa, a la autoridad laboral, a efectos del control de su legalidad.

89ª. La constitución de un comité intercentros requiere, según el Estatuto de los Trabajadores:
a) Que todos y cada uno de los distintos comités de empresa cuenten con alguno de sus miembros entre los elegidos para formar parte del comité intercentros.
b) Que en la elección de sus miembros se respete la proporcionalidad de los sindicatos y de las agrupaciones de trabajadores independientes según los resultados electorales considerados globalmente.
c) Que los centros con más trabajadores tengan mayor presencia en el comité intercentros.

90ª. Los órganos de representación unitaria:
a) Tienen personalidad jurídica y, por lo tanto, plena capacidad de obrar.
b) Disponen de una personalidad jurídica limitada en los términos que establece la ley.
c) Carecen de personalidad jurídica y solo disponen de la capacidad para actuar o tomar decisiones en los ámbitos previstos expresamente por la ley.

91ª. El principio de correspondencia que rige, con carácter general, la actuación de los órganos de representación unitaria significa:

a) Que tales órganos solo cuentan con las competencias reconocidas por la ley o el convenio colectivo.

b) Que dicha actuación y, por lo tanto, el ejercicio de la capacidad de obrar y legitimación que le sirva de soporte, no pueden producir efectos más allá del ámbito en el que se ejerce la representación.

c) Que tales órganos cuentan con cualesquiera competencias pertinentes para la defensa del interés colectivo de los trabajadores representados.

92ª. Las sustituciones o coberturas de las vacantes producidas por las extinciones del mandato de alguno de los miembros del comité de empresa:

a) Se producirán en los términos que determine el reglamento de procedimiento que haya elaborado el propio comité de empresa.

b) Se producirán en los términos que determine la ley o el reglamento de procedimiento, según que la sustitución o cobertura sea definitiva o temporal, esto último, por ejemplo, por embarazo, maternidad o paternidad.

c) Se producirán en los términos establecidos por la ley.

93ª. La capacidad y eventual legitimación de los órganos de representación unitaria para el ejercicio de acciones administrativas o judiciales, dispuesta por el art. 65.1 del Estatuto de los Trabajadores:

a) No significa que tales órganos carezcan de capacidad y eventual legitimación para promocionar procedimientos privados de solución de conflictos colectivos, como los que regula el VI Acuerdo sobre Solución Autónoma de Conflictos laborales (VI ASAC) y el Acuerdo Interprofesional Gallego sobre Procedimientos Extrajudiciales de Solución de Conflictos de Trabajo, de 2019 (AGA 2019).

b) Impide que dichos órganos de representación carezcan de capacidad y legitimación para la promoción de procedimientos privados de solución de conflictos colectivos.

c) Implica, en materia de conflictos colectivos, que dichos órganos de representación solo puedan promover el proceso de conflictos colectivos o el procedimiento administrativo de conflicto colectivo, de los que se ocupan, respectivamente, los arts. 153 y siguientes de la Ley Reguladora de la Jurisdicción Social y los arts. 21 y siguientes del Real Decreto-ley sobre Relaciones de Trabajo, de 1977.

94ª. En una empresa que cuenta con convenio colectivo propio y tres centros de trabajo, dos con sendos comités de empresa y otro con tres delegados de personal, uno de esos comités nos pregunta si cuenta con legitimación para plantear conflicto colectivo sobre la interpretación que merece un precepto del citado convenio, aplicable a toda la plantilla. Le debemos responder:

a) Que sí, pues se trata de ejercitar una acción en defensa del interés colectivo.

b) Que no, pues solo cuentan con legitimación, en la situación indicada, los sindicatos más representativos o suficientemente representativos.

c) Que no, pues no se cumple el principio de correspondencia.

95ª. ¿Cuál de las siguientes afirmaciones es correcta?:

a) La posibilidad de que algunos representantes unitarios cedan a otros, total o parcialmente, las horas integrantes de su crédito mensual no requiere previsión en convenio colectivo; se trata de derecho reconocido en el art. 68 del Estatuto de los Trabajadores.

b) En el caso de que el representante unitario sea un trabajador a tiempo parcial, el número de horas retribuidas integrantes del crédito mensual de que dispone para el ejercicio de sus funciones representativas se reduce en proporción a su jornada de trabajo.

c) Según la jurisprudencia, salvo pacto colectivo o individual en contrario, un representante unitario no tiene derecho al crédito horario para el ejercicio de sus funciones de representación durante el período de vacaciones.

96ª. ¿En cuál de los siguientes casos hay que tramitar expediente previo contradictorio cuando el afectado por la medida empresarial sea un representante unitario?:
a) En el caso de un despido por causas objetivas.
b) En el caso de un despido colectivo o de una sanción disciplinaria por falta muy grave, incluida la de despido.
c) En el caso de un despido disciplinario y de una sanción disciplinaria por falta grave o muy grave.

97ª. Un trabajador que es objeto de un despido disciplinario con posterioridad a haber presentado formalmente su candidatura electoral, hecho conocido por la empresa, y que no ha resultado finalmente elegido representante unitario, nos pide que le indiquemos si le corresponde el derecho a optar entre la readmisión o la indemnización en caso de que su despido se declare improcedente. Le debemos responder que, de acuerdo con el criterio del Tribunal Supremo:
a) No.
b) Depende de que la candidatura del trabajador haya sido presentada por un sindicato.
c) Sí.

98ª. Según el Estatuto de los Trabajadores, las discrepancias entre la empresa y los delegados de personal o el comité de empresa acerca de si es o no factible facilitar a tales órganos de representación uno o varios tablones de anuncios y un local adecuado para el desarrollo de sus actividades y comunicarse con los trabajadores:
a) Se deben someter al arbitraje obligatorio de la autoridad laboral.
b) Se resolverán por la autoridad laboral previo informe de la Inspección de Trabajo y Seguridad Social, todo ello sin perjuicio de la posibilidad de impugnación judicial de la resolución dictada por aquella autoridad.

c) Se resolverán por la autoridad laboral previo informe de la Inspección de Trabajo y Seguridad Social. La resolución de la autoridad laboral solo puede ser objeto de impugnación judicial ante la jurisdicción contencioso-administrativa.

99ª. Tienen la condición de electores en las elecciones a órganos de representación unitaria:

a) Todos los trabajadores de la empresa o centro de trabajo mayores de dieciséis años y con una antigüedad en la empresa de, al menos, un mes.

b) Todos los trabajadores de la empresa o centro de trabajo mayores de dieciocho años y con una antigüedad en la empresa de, al menos, seis meses.

c) Todos los trabajadores de la empresa o centro de trabajo mayores de dieciocho años y con una antigüedad en la empresa de, al menos, un mes.

100ª. En las elecciones a órganos de representación unitaria, el que un trabajador esté vinculado por un contrato de trabajo de duración determinada:

a) No afecta a su posibilidad de ser elector o elegible.

b) Le impide ser elegible.

c) Aunque le permite ser elector, le impide ser elegible.

101ª. ¿Cuáles de los siguientes requisitos deben cumplir los trabajadores para tener la condición de elegibles en las elecciones a órganos de representación unitaria?:

a) Con carácter general, tener dieciocho años cumplidos y una antigüedad en la empresa de, al menos, seis meses.

b) Con carácter general, tener la nacionalidad española y dieciocho años cumplidos.

c) Con carácter general, los mismos requisitos que se piden para ser elector.

102ª. Pueden presentar candidatos a las elecciones a órganos de representación unitaria:

a) Solo los sindicatos o coaliciones sindicales

b) Cualquier sindicato o coalición sindical. También el trabajador o, en el caso de la elección a comité de empresa, un grupo de trabajadores, siempre que la correspondiente candidatura cuente con el aval de un determinado número de firmas de electores de su misma circunscripción electoral.

c) Cualquier sindicato o coalición sindical. También un grupo de trabajadores, cuando ningún sindicato o coalición sindical presente candidatos.

103ª. En relación con la mesa electoral a constituir en las elecciones a órganos de representación unitaria, ¿cuál de las siguientes afirmaciones es correcta?:

a) La mesa electoral estará formada por el presidente, que será el trabajador con mayor antigüedad en la empresa, y dos vocales, que serán los electores de mayor y de menor edad.

b) La condición de candidato no impide ser miembro de la mesa electoral siempre que los promotores de la elección así lo acuerden.

c) La mesa electoral estará formada por el presidente y dos vocales, a designar por sorteo entre los trabajadores que figuren incluidos en el censo electoral.

104ª. En las elecciones a órganos de representación unitaria, en el plazo de los tres días hábiles siguientes al de la redacción del acta de escrutinio:

a) El presidente de la mesa o miembro de ella en la que delegue el primero presentarán en la oficina pública dependiente de la autoridad laboral el original del acta de escrutinio, las papeletas correspondientes a los votos nulos o impugnados por los interventores y el acta de constitución de la mesa electoral.

b) El empresario está obligado a presentar en la oficina pública dependiente de la autoridad laboral el original de dicha acta, así como las papeletas correspondientes a los votos nulos o impugnados por los interventores.

c) La oficina pública dependiente de la autoridad laboral requerirá al presidente de la mesa electoral la entrega del acta de constitución de esta, del original del acta de escrutinio y de las papeletas correspondientes a los votos nulos o impugnados por los interventores.

105ª. La resolución de la oficina pública que deniegue el registro de las actas electorales correspondientes a la celebración de elecciones a órganos de representación unitaria:
a) Es directamente impugnable ante la jurisdicción social.
b) Es impugnable, necesariamente, por medio del procedimiento de arbitraje electoral.
c) Es impugnable, facultativamente, por medio del procedimiento de arbitraje electoral. El laudo que dicte el árbitro es impugnable ante la jurisdicción social.

106ª. En la elección para el comité de empresa ¿puede haber colegio único?
a) Sí, en las condiciones previstas por la normativa que rige la elección.
b) No. La distribución del censo electoral en dos colegios es obligada.
c) Sí, la distribución del censo electoral en más de un colegio electoral es dispositiva para los sujetos que promuevan la elección.

107ª. La impugnación de la resolución de la oficina pública certificando los resultados electorales o la capacidad representativa atribuida a los sindicatos en función de esos resultados:
a) Sigue un procedimiento especial, que comporta la sujeción de la reclamación al arbitraje que regula el art. 76 del Estatuto de los Trabajadores.
b) Es impugnable ante la jurisdicción contencioso-administrativa, a través de una modalidad procesal específica.
c) Es impugnable ante la jurisdicción del orden social, a través de una modalidad procesal específica.

108ª. El inicio de un procedimiento arbitral en materia de elecciones a órganos de representación unitaria:

a) No tiene efectos suspensivos sobre la tramitación del registro de las actas electorales.

b) Suspende, de haberse presentado ya a registro las actas electorales, la tramitación de este.

c) Solo produce efectos suspensivos de la tramitación del registro de las actas electorales cuando lo solicite quien promueva el arbitraje.

109ª. Un representante unitario nos consulta sobre si el cambio de su afiliación sindical o la suspensión de su contrato de trabajo de duración prevista inferior a la que reste del mandato constituyen causas de extinción de este. Le debemos responder:

a) Que sí.

b) Que ninguna de las dos situaciones es causa de la extinción del mandato.

c) Que la primera situación provoca la extinción del mandato; en cambio, no lo hace la segunda, de acuerdo con la jurisprudencia.

110ª. La facultad de destituir o cesar a un miembro del comité de empresa corresponde:

a) Al propio comité de empresa, salvo que se hubiera presentado a la elección por una candidatura sindical.

b) A la asamblea de electores.

c) En caso de haberse presentado a la elección formando parte de una candidatura sindical, al sindicato que le hubiera incluido en dicha candidatura.

111ª. La vacante que se produzca en los delegados de personal será cubierta:

a) Por aquel trabajador que hubiese formado parte de la misma lista o candidatura que el sustituido y que hubiese obtenido, dentro de esa candidatura, el número de votos inmediatamente inferior.

b) Por el trabajador que hubiera obtenido en la votación el número de votos inmediatamente inferior al último de los elegidos.

c) Por el trabajador siguiente en la lista a la que pertenezca el sustituido.

112ª. Las secciones sindicales:
a) Disponen de personalidad jurídica y de plena capacidad de obrar.

b) Disponen de personalidad jurídica y de capacidad de obrar limitada.

c) Carecen de personalidad jurídica y de plena capacidad de obrar.

113ª. A diferencia de lo que sucede con el resto de las secciones sindicales que se constituyan en la empresa o en el centro de trabajo, la Ley Orgánica de Libertad Sindical garantiza a las secciones sindicales de los sindicatos más representativos o que cuenten con audiencia electoral:
a) El recibir la información que les sea remitida por los sindicatos a los que pertenezcan.

b) La utilización de un local adecuado en el que puedan desarrollar sus actividades en aquellas empresas o centros de trabajo con más de 250 trabajadores.

c) La celebración de reuniones, previa notificación al empresario.

114ª. De acuerdo con el art. 10 de la Ley Orgánica de Libertad Sindical, los delegados sindicales han de ser elegidos:
a) Por los trabajadores de la empresa, mediante sufragio personal, libre, directo y secreto.

b) Por el sindicato al que pertenezca la sección sindical.

c) Por y entre los afiliados al sindicato de que se trate y que presten sus servicios en la empresa o en el centro de trabajo.

115ª. La elección de los delegados sindicales, así como el mandato, el procedimiento de remoción y las causas de esta:
a) Se ajustará a lo que pueda disponer los estatutos del correspondiente sindicato.

b) Se ajustará a lo dispuesto en el art. 10 de la Ley Orgánica de Libertad Sindical.

c) Se ajustará a lo que decidan los miembros de la correspondiente sección sindical, previa comunicación al empresario.

CONTESTACIÓN A LAS PREGUNTAS TEST 66ª A 115ª

Nombre:
Apellidos

Pregunta	Marque la respuesta correcta		
66ª	A	B	C
67ª	A	B	C
68ª	A	B	C
69ª	A	B	C
70ª	A	B	C
71ª	A	B	C
72ª	A	B	C
73ª	A	B	C
74ª	A	B	C
75ª	A	B	C
76ª	A	B	C
77ª	A	B	C
78ª	A	B	C
79ª	A	B	C
80ª	A	B	C
81ª	A	B	C
82ª	A	B	C
83ª	A	B	C
84ª	A	B	C
85ª	A	B	C

86[a]	A	B	C
87[a]	A	B	C
88[a]	A	B	C
89[a]	A	B	C
90[a]	A	B	C
91[a]	A	B	C
92[a]	A	B	C
93[a]	A	B	C
94[a]	A	B	C
95[a]	A	B	C
96[a]	A	B	C
97[a]	A	B	C
98[a]	A	B	C
99[a]	A	B	C
100[a]	A	B	C
101[a]	A	B	C
102[a]	A	B	C
103[a]	A	B	C
104[a]	A	B	C
105[a]	A	B	C
106[a]	A	B	C
107[a]	A	B	C
108[a]	A	B	C
109[a]	A	B	C
110[a]	A	B	C
111[a]	A	B	C

112[a]	A	B	C
113[a]	A	B	C
114[a]	A	B	C
115[a]	A	B	C

C) CUESTIONES PARA SU DESARROLLO Y EXPOSICIÓN

Prepare, para su exposición oral o escrita, las siguientes cuestiones:

1ª. Clases de sindicatos y de asociaciones empresariales.

2ª. Base y función constitucional de los sindicatos y de las asociaciones empresariales.

3ª Titularidad de la libertad sindical de los trabajadores vinculados por un contrato de trabajo.

4ª. Titularidad de la libertad sindical de los empleados públicos que prestan sus servicios con sujeción a una relación jurídica de derecho público (funcionarios y asimilados).

5ª. Contenido esencial de la libertad sindical: los derechos de actividad sindical.

6ª. Las libertades de afiliación y de no afiliación.

7ª. Contenido adicional de la libertad sindicial.

8ª. Titularidad y contenido del derecho de asociación empresarial.

9ª. La representación institucional de los sindicatos y de las organizaciones empresariales.

10ª. Constitución de sindicatos y de asociaciones empresariales de estructura simple.

11ª. Constitución de sindicatos y de asociaciones empresariales de estructura compleja.

12ª. Fusión, integración y escisión de sindicatos y organizaciones empresariales.

13ª. Suspensión y disolución de los sindicatos y de las organizaciones empresariales.

14ª. Afiliación y baja en organizaciones sindicales y empresariales complejas.

15ª. Organizaciones sindicales y empresariales internacionales.

16ª. Libertad de reglamentación de los sindicatos (estatutos y control de su legalidad).

17ª. Libertad de organización interna y funcionamiento de los sindicatos.

18ª. Recursos económicos y patrimoniales de los sindicatos.

19ª. Responsabilidad de los sindicatos y de las organizaciones empresariales.

20ª. Sindicatos más representativos y sindicatos «representativos» o suficientemente representativos.

21ª. Atribuciones principales de los sindicatos más representativos y «representativos» o suficientemente más representativos.

22ª. Atribuciones adicionales de los sindicatos más representativos y «representativos» o suficientemente representativos.

23ª. Representatividad de las organizaciones empresariales.

24ª. ¿Qué clasificación admiten las competencias correspondientes a los derechos de información y consulta de los órganos de representación unitaria de los trabajadores?

25ª. ¿En qué consiste la competencia de vigilancia y control de la legalidad atribuida a los órganos de representación unitaria de los trabajadores?

26ª. Capacidad de obrar de los órganos de representación unitaria de los trabajadores en orden al ejercicio de acciones administrativas y judiciales y a la promoción de procedimientos extrajudiciales de solución de conflictos.

27ª. Enumere las garantías dirigidas a facilitar el ejercicio de la función representativa de los representantes unitarios de los trabajadores.

28ª. Describa el régimen jurídico del crédito de horas mensuales retribuidas de que dispone cada uno de los miembros del comité de empresa o cada delegado de personal.

29ª. ¿Quiénes pueden promover o convocar la celebración de elecciones a órganos de representación unitaria? ¿Quiénes pueden ser electores y quiénes pueden ser elegibles? ¿Qué tipo de sufragio rige la elección? ¿En cuántos colegios electorales se distribuye el censo electoral en la elección para el comité de empresa? ¿Cabe el voto telemático?

30ª. Una vez celebrada la votación, realizado el escrutinio y redactada el acta de la elección a órganos de representación unitaria, ¿ante qué órgano se debe presentar la documentación y qué comprende esta? ¿Qué actuaciones debe realizar dicho órgano tras recibir la referida documentación? ¿Cómo se puede atacar la resolución denegatoria del registro de las actas electorales?

Para la elaboración de las respuestas se remite al tratamiento sobre las cuestiones propuestas contenido en los siguientes pasajes de la obra de J. GÁRATE CASTRO, *Derecho Sindical, Volumen I, Los actores*, Bomarzo (Albacete, 2023):

Capítulo I: cuestiones 1ª y 2ª.

Capítulo II: cuestiones 3ª a 10ª, ambas incluidas.

Capítulo III: cuestiones 11ª a 19ª, ambas incluidas.

Capítulo IV: cuestiones 20ª a 23ª, ambas incluidas.

Capítulo V: cuestiones 24ª a 30ª, ambas incluidas

II

NEGOCIACIÓN COLECTIVA LABORAL

A) PREGUNTAS TEST SOBRE EL DERECHO A LA NEGOCIACIÓN COLECTIVA LABORAL Y LOS PRODUCTOS DE SU EJERCICIO

1ª. El derecho a la negociación colectiva laboral que contempla el art. 37.1 de la Constitución Española:
a) No es, por sí y aisladamente considerado, susceptible de tutela por medio del recurso de amparo ante el Tribunal Constitucional.
b) Es, por sí y aisladamente considerado, susceptible de tutela por medio del recurso de amparo ante el Tribunal Constitucional.
c) Solo admite su tutela ante los tribunales ordinarios por la vía del proceso especial, preferente y sumario que contempla el art 53.1 de la Constitución Española.

2ª. El derecho a la negociación colectiva:
a) Es objeto de reconocimiento expreso por parte del Tratado de Funcionamiento de la Unión Europea.
b) Es objeto de reconocimiento expreso por parte de convenios de la OIT.
c) En el plano internacional, solo cuenta con reconocimiento expreso en la Carta Social Europea.

3ª. El derecho a la negociación colectiva laboral que reconoce el art. 37.1 de la Constitución Española:
a) Posee eficacia inmediata solo a efectos del recurso de amparo constitucional.
b) Precisa, para su eficacia, el reconocimiento por parte de la ley a la que remite el citado precepto.

c) Posee eficacia inmediata.

4ª. Al regular el derecho a la negociación colectiva laboral, la ley:
a) Debe determinar de forma precisa qué convenios o acuerdos quedan cubiertos por el art. 37.1 de la Constitución Española.
b) Dispone de diversas alternativas compatibles con el cumplimiento de las exigencias del art. 37.1 de la Constitución Española.
c) Debe ajustarse al modelo predeterminado y cerrado de negociación colectiva que establece el art. 37.1 de la Constitución Española.

5ª. La «fuerza vinculante de los convenios», que el art. 37.1 de la Constitución Española manda garantizar a la ley:
a) Alcanza a todos los posibles productos de la negociación colectiva.
b) Alcanza solo a los productos de la negociación colectiva que la ley califique expresamente de convenios colectivos.
c) Alcanza solo a los convenios colectivos que regula el Título III del Estatuto de los Trabajadores.

6ª. La libertad de contratación y la libertad de estipulación, contenido esencial del derecho a la negociación colectiva laboral:
a) Son absolutas y, por lo tanto, no pueden ser objeto de restricciones o limitaciones por parte de la ley.
b) Solo admiten las limitaciones que acuerden los propios sujetos titulares del derecho.
c) Pueden ser objeto de restricciones justificadas por parte de la ley.

7ª. El derecho a la negociación colectiva que reconoce el art. 37.1 de la Constitución Española:
a) Comprende tanto la negociación colectiva de los titulares de un contrato de trabajo como de los funcionarios y asimilados.
b) Brinda cobertura tanto a la negociación colectiva de los titulares de un contrato de trabajo como a la negociación de los acuerdos de interés profesional de los trabajadores autónomos.

c) Se refiere, exclusivamente, a la negociación colectiva de los titulares de un contrato de trabajo.

8ª. El deber de negociar:
a) Forma parte del contenido esencial del derecho a la negociación colectiva laboral que reconoce el art. 37.1 de la Constitución Española.
b) Viene impuesto por el art. 37.1 de la Constitución Española y, en consecuencia, se extiende a todos los productos que son expresión del derecho que dicho precepto reconoce.
c) No forma parte del contenido esencial del derecho a la negociación colectiva laboral que reconoce el art. 37.1 de la Constitución Española.

9ª. Los acuerdos interprofesionales y los acuerdos sobre materias concretas:
a) Aunque tienen el tratamiento que el Estatuto de los Trabajadores prevé para los convenios colectivos, su procedimiento de negociación y su tramitación se rigen por lo que dispongan las propias partes.
b) Tendrán el tratamiento que el Estatuto de los Trabajadores prevé para los convenios colectivos.
c) Forman parte de los tipos de convenios colectivos extraestatutarios.

10ª. El contenido de los acuerdos sobre «materias concretas»:
a) Se encuentra predeterminado tanto por la ley como por los acuerdos interprofesionales.
b) Será el que decidan las propias partes del acuerdo de que se trate.
c) Viene predeterminado por la ley.

11ª. La eficacia personal general del convenio colectivo estatutario:
a) Constituye una opción del Estatuto de los Trabajadores.
b) Viene impuesta por el art. 37.1 de la Constitución Española.
c) Depende de que los sujetos negociadores sean sindicatos más representativos de ámbito estatal o de comunidad autónoma.

12ª. El cumplimiento de las denominadas cláusulas «normati-

vas» del convenio colectivo estatutario:

a) Solo es fiscalizable por los tribunales laborales, a instancias del trabajador afectado.

b) Es fiscalizable por la Inspección de Trabajo y Seguridad Social.

c) Solo es fiscalizable por los tribunales laborales, a instancias de los representantes legales de los trabajadores.

13ª. La naturaleza normativa del convenio colectivo estatutario:

a) Cuenta con el reconocimiento de la jurisprudencia constitucional y ordinaria.

b) Aparece declarada de forma expresa y directa en la Constitución Española.

c) Aparece declarada de forma expresa y directa en el Estatuto de los Trabajadores.

14ª. Los convenios colectivos extraestatutarios:

a) Precisan, para su aplicación, que las partes del contrato de trabajo presten su consentimiento a aquella.

b) Participan de la «fuerza vinculante de los convenios», dispuesta por el art. 37.1 de la Constitución Española.

c) No participan de la «fuerza vinculante de los convenios», dispuesta por el art. 37.1 de la Constitución Española.

15ª. Los convenios colectivos extraestatutarios:

a) No cuentan con la cobertura que brinda el art. 37.1 de la Constitución Española. Su negociación es fruto de una opción expresa del legislador ordinario.

b) Cuentan con la parcial cobertura que les brinda la regulación del contenido adicional de la libertad sindical que contiene la Ley Orgánica de Libertad Sindical.

c) Poseen fundamento constitucional.

16ª. Los convenios colectivos extraestatutarios:

a) En función de los sujetos negociadores, pueden disponer, desde su suscripción, eficacia personal general.

b) Poseen siempre, sin excepción, a diferencia de los convenios colectivos estatutarios, eficacia personal limitada.

c) Poseen siempre, como los convenios colectivos estatutarios, eficacia personal general.

17ª. El convenio colectivo extraestatutario negociado por un sindicato:

a) Puede impedir las adhesiones de los trabajadores no afiliados a dicho sindicato.

b) Puede someter la adhesión de los trabajadores afiliados a otros sindicatos o no afiliados a algún sindicato a condiciones distintas de aquellas que se establezcan para los afiliados al sindicato pactante.

c) No puede impedir las adhesiones de los trabajadores afiliados a otros sindicatos o no afiliados a sindicato alguno.

18ª. De acuerdo con la jurisprudencia, los convenios colectivos extraestatutarios:

a) Solo pueden regular aquellas materias que expresamente disponga la ley.

b) No tienen restricciones en cuanto a las materias que pueden regular.

c) Poseen restricciones en cuanto a las materias que pueden regular, como la que afecta al tratamiento de la clasificación profesional.

19ª. Los acuerdos de fin de huelga:

a) Además de manifestar el fin de la huelga, pueden proporcionar una regulación de condiciones de trabajo.

b) Poseen un contenido limitado a las que hubiesen sido las reivindicaciones concretas objeto de la huelga.

c) Deben limitarse a manifestar la finalización o desconvocatoria de la huelga.

20ª. La competencia para conocer de la impugnación de un acuerdo de fin de huelga que afecte al personal laboral y a los funcionarios de una administración pública:
a) Corresponde a la jurisdicción contencioso-administrativa.
b) Corresponde a la jurisdicción social, en la parte que afecte al personal laboral, y a la jurisdicción contencioso-administrativa, en la parte que afecte a los funcionarios.
c) Corresponde a la jurisdicción social.

21ª. La legitimación para suscribir un acuerdo de fin de huelga en representación de los trabajadores huelguistas:
a) Corresponde, exclusivamente, al comité de huelga.
b) Corresponde, exclusivamente, a los sujetos convocantes de la huelga.
c) Ninguna de las anteriores respuestas es correcta.

22ª. La previsión del art. 44.4 del Estatuto de los Trabajadores, conforme a la cual las relaciones laborales de los trabajadores afectados por la sucesión de empresa seguirán rigiéndose, tras la sucesión, por el convenio colectivo que fuera de aplicación en el momento de consumarse esta:
a) Es dispositiva. Admite el pacto en contrario entre el empresario trans-mitente y los trabajadores afectados por la sucesión.
b) Es de derecho necesario absoluto.
c) Ninguna de las anteriores respuestas es correcta.

23ª. La normativa laboral vigente impone el deber de negociar planes de igualdad de hombres y mujeres en el ámbito laboral:
a) En las empresas de más de doscientos cincuenta trabajadores.
b) En las empresas de cincuenta o más trabajadores.
c) En las empresas de treinta y cinco o más trabajadores.

24ª. La empresa CONSERVAS VEGETALES RIOJANAS, S. A., que cuenta con una plantilla de doscientos setenta trabajadores y está incluida en el ámbito de aplicación del convenio estatal

para la fabricación de conservas vegetales, nos consulta sobre la vía de formalización del cumplimiento de su deber de negociar el plan de igualdad. Le respondemos que tal formalización se ha de producir:

a) Necesariamente, a través de la negociación colectiva del sector de fabricación de conservas vegetales.

b) Necesariamente, en el marco de un procedimiento de negociación colectiva a desarrollar en la propia empresa y acomodado a los términos y condiciones que establezca el referido convenio colectivo sectorial.

c) En el marco de un procedimiento de negociación colectiva a desarrollar en la propia empresa, salvo que el convenio estatal de fabricación de conservas vegetales haya regulado el plan de igualdad de las empresas del sector, en cuyo caso está obligada a la aplicación de dicho plan.

25ª. Una empresa cuya plantilla asciende a cuarenta y tres trabajadores nos consulta si tiene el deber de negociar un plan de igualdad. Le debemos responder:

a) Que sí, pues así lo dispone la normativa laboral vigente.

b) Que no, salvo que lo decida voluntariamente o lo establezca el convenio colectivo aplicable.

c) Que sí, siempre que la empresa cuente con delegados de personal.

B) PREGUNTAS TEST SOBRE CUESTIONES GENERALES RELATIVAS A LA NEGOCIACIÓN COLECTIVA ESTATUTARIA Y LOS CORRESPONDIENTES SUJETOS NEGOCIADORES

26ª. La unidad de contratación susceptible de ser elegida por las partes negociadoras de un convenio colectivo estatutario:

a) Precisa que aquellas cuenten con la legitimación que pide la ley para negociar en ella.

b) Debe corresponder, necesariamente, con alguna de las unidades de contratación previstas expresamente por el Estatuto de los Trabajadores.

c) Debe ser autorizada por la administración laboral.

27ª. La unidad de contratación de un convenio colectivo estatutario:

a) Debe coincidir, necesariamente, con alguna de las previstas legalmente y, en concreto, en el art. 87 del Estatuto de los Trabajadores.

b) Una vez elegida por las partes, estas habrán de mantenerla en un futuro, sin posibilidad alguna de abandono o cambio.

c) Aunque las partes negociadoras disponen de libertad para su elección, esta no es ilimitada.

28ª. Una empresa carece de convenio colectivo propio y realiza una actividad distinta en cada uno de los tres centros de trabajo de que dispone. Aparte de que ninguna de las actividades desarrolladas llega a ser preponderante respecto de las demás, se da la circunstancia de que cada una figura comprendida en el ámbito funcional de un convenio colectivo sectorial diferente. Así las cosas, la aludida empresa nos pide que le indiquemos qué convenio sectorial habrá de aplicar a sus trabajadores. Le debemos responder:

a) Que debe aplicar un único convenio colectivo y, en concreto, el correspondiente a la actividad en la que figure ocupada la mayor parte de la plantilla.

b) Que debe aplicar, en virtud del principio de unidad de empresa, un único convenio colectivo sectorial y, en concreto, aquel que corresponda a la actividad constitutiva del objeto social de la empresa, declarada en sus estatutos o en la escritura de constitución.

c) Que el principio de especialidad puede conducir a aplicar a los trabajadores ocupados en cada centro de trabajo el convenio colectivo sectorial en cuyo ámbito funcional figure comprendida la concreta actividad desarrollada en él.

29ª. De acuerdo con la regla general del art. 42 del Estatuto de los Trabajadores que rige la determinación del convenio colectivo sectorial de aplicación a las empresas contratistas y subcontratistas, dicho convenio será:

a) El del sector de la actividad desarrollada en la contrata o subcontrata, con independencia del objeto social o forma jurídica de la empresa contratista o subcontratista.

b) El del sector de la actividad desarrollada en la contrata o subcontrata o, si fuese más favorable, el del sector en cuyo ámbito funcional figure incluida la empresa principal o comitente.

c) El del sector en cuyo ámbito funcional figure incluida la empresa principal o comitente cuando dicho convenio no coincida con el del sector al que pertenezca la actividad desarrollada en la contrata o subcontrata.

30ª. Un centro especial de empleo incluido en el ámbito de aplicación del convenio colectivo gallego de centros especiales de empleo, de 2023, nos consulta sobre si debe aplicar este a los trabajadores minusválidos destinados a una contrata de limpieza de edificios y locales concertada con una empresa del sector del comercio del metal. Le debemos responder:

a) Que no. En virtud del art. 42.6 del Estatuto de los Trabajadores habrá de aplicar a los aludidos trabajadores el convenio colectivo de sector correspondiente a la actividad de limpieza de edificios y locales asumida.

b) Que sí, por disponerlo de forma expresa el Estatuto de los Trabajadores.

c) Que no. El art. 42.6 del Estatuto de los Trabajadores obliga a la aplicación del convenio colectivo del sector del comercio del metal en cuyo ámbito figure incluida la empresa principal.

31ª. El acuerdo de adhesión a un convenio colectivo suscrito en los términos que dispone el art. 92.1 del Estatuto de los Trabajadores:

a) Solo puede ser de adhesión a un convenio colectivo estatutario, con independencia de que este se encuentre o no en vigor.
b) Puede ser tanto de adhesión a un convenio colectivo estatutario como extraestatutario.
c) Ninguna de las anteriores respuestas es correcta.

32ª. El acuerdo de adhesión a un convenio colectivo suscrito en los términos que dispone el art. 92.1 del Estatuto de los Trabajadores:
a) Debe remitirse a la autoridad laboral, a efectos de su registro y publicación.
b) Debe ser autorizado por resolución de la autoridad laboral. Dicha resolución será objeto de publicación.
c) Ninguna de las anteriores respuestas es correcta.

33ª. La extensión de un convenio colectivo:
a) Es el resultado de un procedimiento administrativo iniciado a instancia de parte.
b) Es el resultado de un procedimiento administrativo que puede iniciarse a instancia de parte o de oficio.
c) Es el resultado del acuerdo tomado por los sujetos legitimados para negociar un convenio colectivo, tras el fallido desarrollo del correspondiente procedimiento de negociación.

34ª. El derecho español:
a) Solo admite la concurrencia de convenios colectivos cuando así lo disponga un acuerdo interprofesional o un convenio colectivo sectorial (estatal o autonómico).
b) Prohíbe la concurrencia de convenios colectivos.
c) Aunque no establece una prohibición absoluta de la concurrencia de convenios colectivos, regula los términos en que se admite dicha concurrencia.

35ª. La prioridad aplicativa sobre el convenio colectivo sectorial que dispone el art. 84.2 del Estatuto de los Trabajadores:

a) Corresponde al convenio colectivo de empresa o de ámbito inferior a la empresa.

b) Corresponde al convenio colectivo de empresa, de grupo de empresas o de empresas en red o vinculadas.

c) Corresponde al convenio colectivo de empresa, de ámbito inferior a la empresa, de grupo de empresas o de empresas en red o vinculadas.

36ª. La prioridad aplicativa sobre el convenio colectivo sectorial que dispone el art. 84.2 del Estatuto de los Trabajadores:

a) Se limita a los casos en que la regulación del convenio colectivo sectorial sea menos ventajosa.

b) Puede ser objeto de supresión o reducción por los acuerdos interprofesionales o convenios colectivos sectoriales a que se refiere el art. 83.2 de igual texto legal.

c) No admite su supresión o reducción por los acuerdos interprofesionales o convenios colectivos sectoriales a que se refiere el art. 83.2 de igual texto legal.

37ª. Un convenio colectivo de empresa que dispone de prioridad aplicativa de acuerdo con lo dispuesto en el art. 84.2 del Estatuto de los Trabajadores, prevé la aplicación retroactiva de la regulación peyorativa de la compensación de las horas extraordinarias y de la retribución específica del trabajo a turnos. Tal previsión:

a) Es válida, pues así obliga a entenderlo el silencio que guarda al respecto el citado precepto del Estatuto de los Trabajadores.

b) Es nula.

c) Es válida siempre que las condiciones de trabajo que establezca sean, en su conjunto y cómputo anual, superiores a las del convenio colectivo sectorial.

38ª. La prioridad aplicativa sobre cualquier convenio colectivo sectorial o acuerdo interprofesional de ámbito estatal anterior y en vigor otorgada, por el art. 84 del Estatuto de los

Trabajadores, a los convenios colectivos de sector provinciales negociados en una comunidad autónoma:

a) Es directa y absoluta o incondicionada.

b) Se supedita a que aparezca prevista en acuerdo interprofesional de ámbito autonómico suscrito al amparo del art. 83.2 del indicado texto legal.

c) Se supedita a que aparezca prevista en el convenio colectivo sectorial o acuerdo interprofesional estatal de que se trate.

39ª. Disponen de capacidad convencional para intervenir en la negociación de convenios colectivos sectoriales estatutarios:

a) Las asociaciones empresariales y los sindicatos.

b) Las asociaciones empresariales, los sindicatos y sus secciones sindicales.

c) Tanto las asociaciones empresariales como los propios empresarios, así como los sindicatos.

40ª. Un sindicato presente en la comisión negociadora de un convenio colectivo de sector nos consulta sobre si es posible introducir en dicho convenio una cláusula que permita excluir de la negociación de los futuros convenios a aquellos sindicatos que no alcancen una audiencia electoral del quince por ciento. Le debemos responder:

a) Que sí, siempre que lo consienta el acuerdo interprofesional sobre estructura de la negociación colectiva que resulte aplicable.

b) Que no, pues ello contraviene las reglas del Estatuto de los Trabajadores sobre la legitimación para negociar.

c) Que sí, pues, según el Estatuto de los Trabajadores, el sindicato que no alcance el indicado porcentaje de audiencia electoral carece de legitimación inicial.

41ª. Las reglas del Estatuto de los Trabajadores que determinan la legitimación para negociar convenios colectivos:

a) Son susceptibles de mejora por los sujetos negociadores.

b) Son dispositivas para los sujetos negociadores, si así se prevé en acuerdo interprofesional.

c) Son de derecho necesario absoluto.

42ª. La denominada legitimación inicial para negociar convenios colectivos estatutarios:

a) Es la reconocida por la autoridad laboral a efectos del ejercicio del derecho a negociar dichos convenios colectivos.

b) Comporta el derecho a formar parte de la comisión negociadora del convenio colectivo de que se trate.

c) Aunque permite la promoción de la negociación de los referidos convenios colectivos, no da derecho a formar parte de su comisión negociadora, que precisa contar con la denominada legitimación plena.

43ª. La legitimación inicial y la plena para negociar un convenio colectivo estatutario:

a) Están condicionadas por la unidad de contratación.

b) Se presumen una vez que los sujetos negociadores hayan elegido la unidad de contratación.

c) Son independientes de la unidad de contratación.

44ª. Con carácter general, la legitimación para negociar convenios colectivos de empresas en red o vinculadas corresponde, por la parte empresarial, según el Estatuto de los Trabajadores:

a) A la representación de dichas empresas y a las asociaciones empresariales más representativas de ámbito estatal o de comunidad autónoma.

b) A la representación de dichas empresas.

c) A la representación de dichas empresas y a las asociaciones empresariales a las que estas figuren asociadas.

45ª. Una asociación de empresarios provincial, no afiliada a otra más representativa, autonómica o estatal, asocia en el ámbito geográfico y funcional del convenio colectivo que se

pretende negociar, de sector y provincial, al veinte por ciento de los empresarios existentes, los cuales dan ocupación al ocho por ciento de los trabajadores titulares de un contrato de trabajo. Ante su consulta sobre si dispone de legitimación inicial para intervenir en la negociación le debemos responder:

a) Que sí, aunque dicha legitimación no será la ordinaria, sino la excepcional o extraordinaria, para la que se pide contar con, al menos, el diez por ciento de los empresarios o que los empresarios asociados, cualquiera que sea su número, den ocupación, también al menos, al diez por ciento de los trabajadores.

b) Que no.

c) Que sí, pues basta con que cuente, al menos, con el diez por ciento de los empresarios.

46ª. Una asociación de empresarios más representativa de comunidad autónoma nos consulta sobre si dispone de legitimación para intervenir en la negociación de un convenio colectivo sectorial de ámbito estatal. Le debemos responder:

a) Que sí, siempre que cuente en la unidad de negociación, según dispone el Estatuto de los Trabajadores, con, al menos, el quince por ciento de los empresarios existentes.

b) Que sí, de acuerdo con el Estatuto de los Trabajadores.

c) Que no, de acuerdo con el Estatuto de los Trabajadores.

47ª. Son computables, a efectos de la determinación de la legitimación inicial «ordinaria» de una asociación empresarial para negociar convenios colectivos sectoriales:

a) Solo los empleadores asociados que ejerzan en el ámbito geográfico del convenio la totalidad de las actividades propias del ámbito funcional de este.

b) Solo los trabajadores vinculados a las empresas asociadas por contratos de trabajo.

c) Tanto los trabajadores vinculados a las empresas asociadas por contratos de trabajo como las empresas asociadas y las no asociadas, estas últimas siempre que hayan otorgado a la asociación empresarial poder para negociar en su representación.

48ª. Disponen de legitimación plena para negociar un convenio colectivo sectorial:
a) Las asociaciones empresariales a las que figuren asociadas, en la correspondiente unidad de contratación, empresarios que den ocupación a la mayoría de los trabajadores afectados por el convenio.
b) Las asociaciones empresariales a las que figuren asociadas, en la correspondiente unidad de contratación, la mayoría de los empresarios, cualquiera que sea el número de trabajadores con contrato de trabajo a los que estos den ocupación.
c) Las asociaciones empresariales a las que figuren asociadas, en la correspondiente unidad de contratación, la mayoría de los empresarios, siempre que estos den ocupación a la mayoría de los trabajadores afectados por el convenio.

49ª. Una asociación provincial de empresarios del comercio del metal, no afiliada a otra más representativa, autonómica o estatal, tiene como asociados al siete por ciento de los empresarios que existen en el ámbito geográfico y funcional en el que actúa, los cuales dan ocupación al nueve por ciento de los trabajadores titulares de un contrato de trabajo. Asimismo, ha conseguido que otro cinco por ciento de empresarios, no asociados a ella, le concedan su representación para la negociación del convenio colectivo estatutario que pretende negociarse en dicho ámbito; ese segundo grupo de empresarios da ocupación al siete por ciento de los trabajadores titulares de un contrato de trabajo. En la situación descrita, dicha asociación empresarial nos consulta sobre si dispone de legitimación inicial para intervenir en la negociación. Le debemos responder:
a) Que sí, pues los trabajadores titulares de un contrato de trabajo con los que cuentan ambos grupos de empresarios superan el quince por ciento.

b) Que sí, pues los empresarios asociados y no asociados con los que cuenta superan el diez por ciento y también dan ocupación a más del diez por ciento de los trabajadores titulares de un contrato de trabajo.
c) Que no.

50ª. La legitimación para negociar un convenio colectivo de empresas vinculadas por razón de su adscripción a un mismo puerto y nominativamente identificadas corresponde:
a) Solo a las asociaciones empresariales que las representen.
b) Tanto a las propias empresas como a las asociaciones empresariales que las representen.
c) Como en cualquier otro convenio de empresas vinculadas o en red, a las propias empresas, exclusivamente.

51ª. La legitimación para negociar un convenio colectivo de grupo de empresas en representación de los trabajadores corresponde:
a) A los sindicatos que cuenten con la legitimación que se pide para negociar convenios colectivos sectoriales.
b) A los comités intercentros de las distintas empresas que formen el grupo y, de no existir, a las secciones sindicales con presencia en los comités de empresa o a las secciones sindicales de los sindicatos más representativos.
c) A los órganos de representación unitaria o a las secciones sindicales que existan en las distintas empresas que formen el grupo.

52ª. La legitimación del comité intercentros para negociar el convenio colectivo de empresa:
a) Depende de su atribución por parte de los comités de empresa existentes.
b) Precisa que figure atribuida en el convenio colectivo a cuyo amparo se haya constituido.
c) Viene atribuida por el art. 87 del Estatuto de los Trabajadores.

53ª. Una empresa que dispone de nueve centros de trabajos, en dos de los cuales no han podido celebrarse, por su reducida plantilla, elecciones a representantes unitarios, nos consulta sobre si puede negociar el convenio colectivo de empresa con los órganos de representación unitaria constituidos en los otros siete centros. Le debemos responder:

a) Que no.

b) Que sí, siempre que los trabajadores de los dos centros en donde no hay representación unitaria otorguen expresamente su representación para la negociación a los órganos de representación unitaria de los otros siete centros.

c) Que sí, pues los órganos de representación unitaria también representan a los trabajadores de los centros cuya reducida plantilla haya impedido la celebración de elecciones a representantes unitarios.

54ª. Para que pueda constituirse válidamente por las secciones sindicales la comisión negociadora de un convenio colectivo de empresa:

a) Basta con que tales secciones sindicales pertenezcan a los sindicatos más representativos o a sindicatos con audiencia electoral en la empresa.

b) Es preciso que tales secciones, además de pertenecer a sindicatos más representativos o con audiencia electoral en la empresa, sumen la mayoría de los miembros de los comités de empresa y delegados de personal que existan en esta.

c) Basta con que tales secciones sindicales pertenezcan a los sindicatos más representativos.

55ª. La legitimación de los órganos de representación unitaria y de las secciones sindicales para negociar un convenio colectivo de empresa:

a) Es susceptible de ejercicio acumulativo si así lo acuerdan los órganos de representación unitaria o los sindicatos a los que pertenezcan las secciones sindicales.

b) Es susceptible de ejercicio acumulativo si así lo acuerdan las secciones sindicales.

c) No es susceptible de ejercicio acumulativo.

56ª. La prioridad de las secciones sindicales para negociar un convenio colectivo de empresa o de ámbito inferior distinto del correspondiente al convenio franja:

a) Precisa que todas las secciones sindicales, sin excepción, tomen un acuerdo expreso ejercitándola.

b) Precisa un acuerdo al respecto tomado por, al menos, secciones sindicales que agrupen a la mayoría de los miembros de los comités de empresa y delegados de personal.

c) Es automática.

57ª. Las secciones sindicales que pretenden negociar un convenio colectivo de una empresa con tres centros de trabajo nos consultan si pueden excluir de la comisión negociadora al sindicato CGT, que carece de la condición de más representativo y que, aunque cuenta con afiliados en dicha empresa, estos no han constituido sección sindical alguna. Le debemos responder:

a) Que no, siempre que el mencionado sindicato cuente con audiencia electoral o presencia en los órganos de representación unitaria existentes en la empresa.

b) Que sí, pues se trata de un convenio en cuya negociación no pueden intervenir los sindicatos.

c) Que sí, por carecer de la condición de sindicato más representativo.

58ª. Las demandas de tutela frente a las conductas contrarias a la legitimación del sindicato o de sus secciones sindicales para intervenir en los procesos de negociación colectiva, entre ellos, los dirigidos a la conclusión de convenios colectivos estatutarios:

a) No admiten su tramitación por la vía del proceso especial de tutela de derechos fundamentales y libertades públicas objeto de los arts. 177 y siguientes de la Ley Reguladora de la Jurisdicción Social.

b) Aunque admiten su tramitación por la vía del proceso especial de tutela de derechos fundamentales y libertades públicas objeto de los arts. 177 y siguientes de la Ley Reguladora de la Jurisdicción Social, no pueden ser objeto de recurso de amparo ante el Tribunal Constitucional.

c) Admiten su tramitación por la vía del proceso especial de tutela de derechos fundamentales y libertades públicas objeto de los arts. 177 y siguientes de la Ley Reguladora de la Jurisdicción Social y, agotada esa vía, pueden ser objeto de recurso de amparo ante el Tribunal Constitucional.

59ª. Un sindicato que no es más representativo nos pide que le indiquemos si dispone de legitimación inicial para intervenir en la negociación de un convenio colectivo de sector de ámbito autonómico. Le debemos indicar:

a) Que sí, siempre que sea invitado a negociar por los sindicatos más representativos.

b) Que sí, siempre que cuente en la unidad de negociación con, al menos, el diez por ciento de los miembros de comités de empresa y delegados de personal.

c) Que sí, siempre que cuente en la unidad de negociación con, al menos, el quince por ciento de los miembros de comités de empresa y delegados de personal.

60ª. La legitimación de los sindicatos más representativos por irradiación (de ámbito estatal o de comunidad autónoma) para negociar convenios colectivos sectoriales:

a) Depende de que le sea atribuida por los sindicatos directamente más representativos a los que figuren asociados o afiliados.

b) Se circunscribe a los convenios colectivos sectoriales cuyo ámbito territorial y funcional quede comprendido en el ámbito de actuación (funcional y territorial) del sindicato de que se trate.

c) No experimente restricción alguna en relación con la que corresponde a los sindicatos directamente más representativos de ámbito estatal o de comunidad autónoma.

61ª. ¿Qué respuesta da a la consulta sobre cuáles sindicatos disponen de legitimación plena y, por lo tanto, pueden constituir válidamente la comisión negociadora en una unidad de contratación sectorial de ámbito estatal en la que no existen órganos de representación unitaria?:
a) Ningún sindicato. La inexistencia de órganos de representación unitaria impide que los sindicatos más representativos, aunque cuenten con legitimación inicial, alcancen la representatividad de la que depende la legitimación plena.
b) Tanto los sindicatos más representativos de ámbito estatal como los sindicatos más representativos de comunidad autónoma.
c) Los sindicatos más representativos de ámbito estatal.

62ª. La Federación Estatal de Servicios, Movilidad y Consumo de la Unión General de Trabajadores (FeSMC-UGT) nos consulta sobre si podría compartir la legitimación para intervenir en la negociación del próximo convenio general del sector de la construcción, de ámbito estatal, con otra de las federaciones estatales integradas en igual confederación sindical y, en concreto, con de la Federación de Industria Construcción y Agro (UGT FICA). Le debemos responder:
a) Que no, pues su ámbito de actuación no se extiende al ámbito funcional del convenio colectivo.
b) Que sí, pues su ámbito de actuación (estatal) coincide con el ámbito territorial del convenio colectivo.
c) Que sí, siempre que lo admita UGT FICA.

63ª. De acuerdo con la Ley 14/1994, cuentan con legitimación para la negociación de convenios colectivos que afecten a empresas de trabajo temporal, en ausencia de órganos de representación unitaria de los trabajadores:

a) Las organizaciones sindicales más representativas.

b) Tanto las organizaciones sindicales más representativas como las suficientemente representativas.

c) Cualesquiera organizaciones sindicales que dispongan de trabajadores afiliados en el sector de las empresas de trabajo temporal.

C) PREGUNTAS TEST SOBRE EL PROCEDIMIENTO DE NEGOCIACIÓN, EL CONTENIDO, LAS VICISITUDES, LA INAPLICACIÓN, LOS ASPECTOS TEMPORALES, LA APLICACIÓN E INTERPRETACIÓN Y LA IMPUGNACIÓN DEL CONVENIO COLECTIVO

64ª. De acuerdo con el Estatuto de los Trabajadores, la comunicación de la solicitud de apertura de la negociación de un convenio colectivo que pretenda sustituir a otro anterior:

a) Debe preceder, necesariamente, a la denuncia del convenio anterior.

b) Debe hacerse una vez que el convenio anterior concluya, tras su denuncia, el período de duración ordinaria.

c) Debe hacerse por escrito y simultáneamente con el acto de denuncia del convenio anterior.

65ª. La solicitud promoviendo la negociación de un convenio colectivo:

a) Debe remitirse a la autoridad laboral a los únicos efectos de registro.

b) Debe remitirse a la autoridad laboral, a efectos de que esta autorice la apertura de la negociación.

c) Ninguna de las anteriores respuestas es correcta.

66ª. La respuesta afirmativa a una propuesta de negociación de un convenio colectivo, prevista en el art. 89 del Estatuto de los Trabajadores:

a) Rige con independencia de que lo promovido sea un convenio colectivo estatutario o extraestatutario.

b) Solo es predicable respecto de los convenios colectivos estatutarios.

c) Rige a partir de la preceptiva reunión de las partes del convenio que pretenda negociarse, previa a la constitución de la correspondiente comisión negociadora.

67ª. La oposición a la propuesta de negociación de un convenio colectivo producida durante el período de efectos de una resolución de extensión dictada para la que constituiría la unidad de contratación de tal convenio:
a) No es admisible.
b) Está justificada, pues la referida propuesta solo es viable a partir de la fecha en que deje de producir efectos la resolución de extensión.
c) Ninguna de las anteriores respuestas es correcta.

68ª. La respuesta negativa a la propuesta de negociación de un convenio colectivo realizada junto con la denuncia del anterior y basada en que este se encuentra en situación de ultraactividad:
a) No es admisible.
b) Está justificada, pues hasta que el convenio colectivo denunciado agote su plazo de vigencia ordinaria o prorrogada y de aplicación en ultraactividad no es posible iniciar la negociación del nuevo convenio.
c) Está justificada. No cabe iniciar la negociación del nuevo convenio mientras el anterior se mantenga en situación de ultraactividad.

69ª. De acuerdo con el Estatuto de los Trabajadores, en los convenios colectivos de empresa o de ámbito inferior los miembros o vocales de la comisión negociadora pueden ser, por cada parte, como máximo:
a) Once.
b) Quince.
c) Trece.

70ª. De acuerdo con el Estatuto de los Trabajadores, el número de miembros de la comisión negociadora:
a) Debe ser igual por cada parte.

b) Debe coincidir con el que se hubiera acordado en la negociación de los anteriores convenios colectivos suscritos para la misma unidad de contratación.

c) Ninguna de las anteriores respuestas es correcta.

71ª. Cada organización sindical o asociación empresarial legitimada para negociar con arreglo al art. 87 del Estatuto de los Trabajadores:

a) Si es más representativa de ámbito estatal o de comunidad autónoma, tiene derecho a designar un número de vocales superior al de las demás organizaciones sindicales o asociaciones empresariales que no tengan la indicada condición.

b) Tiene derecho a designar vocales de la comisión negociadora en número igual al que corresponde a cada una de las demás organizaciones sindicales o asociaciones empresariales.

c) Podrá designar vocales de la comisión negociadora del convenio en proporción a la representatividad que aporte a la constitución de esta, con independencia de que sea o no más representativa de ámbito estatal o de comunidad autónoma.

72ª. ¿Puede experimentar cambios la designación de los miembros de la comisión negociadora del convenio colectivo:

a) No.

b) Solo en el caso de los miembros que hubiesen designado los sindicatos.

c) Sí.

73ª. La designación de presidente de la comisión negociadora del convenio colectivo:

a) Basta, para que sea obligada, con que cuente con la solicitud de una de las partes negociadoras.

b) Es preceptiva.

c) Requiere que ambas partes negociadoras lo dispongan de mutuo acuerdo.

74ª. Las representaciones empresariales y sindicales presentes en la comisión negociadora de un convenio colectivo sectorial nos piden informe sobre si pueden contar con la asistencia de asesores en las deliberaciones producidas en el seno de tal comisión. Debemos responder:

a) Que la posibilidad de valerse de la referida asistencia requiere el previo y mutuo acuerdo de las dos representaciones negociadoras.

b) Que sí, siempre que lo soliciten al presidente de la comisión negociadora y este lo autorice.

c) Que sí, pues cada representación empresarial o sindical dispone de plena o incondicionada libertad para valerse de la referida asistencia si lo estima necesario, sin que las demás representaciones empresariales o sindicales puedan oponerse a ello.

75ª. Los sindicatos A y B, ambos más representativos en el ámbito estatal y con una audiencia electoral del 27 por ciento y del 24 por ciento, respectivamente, de los representantes unitarios existentes en un determinado sector, han constituido la comisión negociadora del convenio colectivo de este nombrando a todos los vocales del banco social y excluyendo la presencia en dicha comisión de los sindicatos C y D, que no son más representativos y cuentan, respectivamente, con una audiencia electoral de, al menos, el 15 y el 10 por ciento de los mencionados representantes unitarios. La exclusión descrita:

a) Es incorrecta y constitutiva de una lesión de la libertad sindical. Por su audiencia electoral, los sindicatos C y D cuentan con legitimación inicial.

b) Es incorrecta y constitutiva de una lesión de la libertad sindical solo en el caso del sindicado C.

c) Es correcta, pues solo pueden formar parte de la comisión negociadora de los convenios de sector los sindicatos más representativos en el ámbito estatal o de comunidad autónoma, directamente o por irradiación.

76ª. La constitución de la comisión negociadora del convenio colectivo ¿puede tener lugar más allá del mes siguiente a la recepción de la comunicación promoviendo la negociación?:

a) Sí, siempre que se comunique previamente a la autoridad laboral y esta manifieste de forma expresa su conformidad.

b) No. Es nula la constitución más allá del indicado plazo.

c) Sí, siempre que medie, como indican determinadas decisiones judiciales, causa que lo justifique.

77ª. En la constitución de la comisión negociadora sus miembros pactan que los acuerdos sobre las materias relativas al tiempo de trabajo se tomen por unanimidad. Tal pacto:

a) Es válido siempre que cuente con el voto favorable de todos los miembros de la comisión negociadora.

b) Es nulo.

c) Es válido, pues la regulación de la legitimación decisoria por parte del Estatuto de los Trabajadores es supletoria y dispositiva para la autonomía colectiva.

78ª. La audiencia electoral o representatividad aportada por los sindicatos A, B, C y D a la constitución de la comisión negociadora de un convenio sectorial es del 27 por 100, 22 por 100, 20 por 100 y 18 por 100, respectivamente. Tales sindicatos son los únicos con legitimación inicial. Constituida la comisión negociadora se acuerda que el número de vocales por el banco social sea de 12, 3 por cada sindicato, y que el valor del voto de cada uno sea proporcional a la audiencia electoral aportada por el sindicato que lo haya designado. A la hora de tomar el acuerdo final sobre el convenio, los vocales designados por los sindicatos C y D votan en contra. ¿Pueden los vocales designados por los sindicatos A y B adoptar válidamente dicho convenio?

a) No, conforme el Estatuto de los Trabajadores sería preciso que contasen con la mayoría absoluta de los representantes unitarios existentes en la unidad de negociación.

b) Sí, aunque dicho convenio sería extraestatutario, por falta de la legitimación decisoria.

c) Sí, pues su voto favorable equivale al de la mayoría de la representación del banco social que pide el Estatuto de los Trabajadores.

79ª. ¿Son modificables los acuerdos parciales o preacuerdos conseguidos en el seno de la comisión negociadora sobre las materias objeto de negociación?:

a) Sí, siempre que lo autorice el presidente de la comisión negociadora.

b) No, pues lo impide el deber de negociar de buena fe.

c) Sí, salvo que las partes dispongan lo contrario.

80ª. Las discrepancias que surjan a lo largo de las deliberaciones producidas el seno de la comisión negociadora de un convenio colectivo:

a) Pueden solventarse a través de la función mediadora o conciliadora del presidente de la comisión negociadora.

b) Pueden resolverse recurriendo a un procedimiento de mediación o de arbitraje establecido por acuerdo interprofesional, como el VI ASAC (VI Acuerdo sobre Solución Autónoma de Conflictos Laborales) o el AGA 2019 (Acuerdo Interprofesional Gallego sobre Procedimientos Extrajudiciales de Solución de Conflictos de Trabajo, de 2019).

c) Las dos anteriores respuestas son correctas.

81ª. ¿Qué documentación debe acompañar a la solicitud de registro del convenio colectivo?:

a) El texto original del convenio y el acta de constitución de su comisión negociadora.

b) El texto original del convenio y, voluntariamente, si los suscriptores lo consideran útil, las actas de las distintas sesiones de la comisión negociadora de aquel.

c) El texto original del convenio y las actas de las distintas sesiones de su comisión negociadora, entre ellas, necesariamente, las de constitución y firma del convenio.

82ª. De acuerdo con el Estatuto de los Trabajadores, los trámites de registro, depósito y publicación del convenio colectivo:

a) Se producen a solicitud de la comisión negociadora.

b) Se producen a requerimiento de la autoridad laboral competente, una vez que esta compruebe que el convenio no conculca la legalidad ni lesiona el interés de terceros.

c) Se producen de oficio, por la autoridad laboral competente.

83ª. Constituye requisito previo para el comienzo de las negociaciones de convenios o acuerdos colectivos correspondientes al sector público estatal:

a) El informe de la masa salarial a emitir por el Ministerio de Hacienda.

b) La autorización expresa del Ministerio de Hacienda.

c) Ninguna de las anteriores respuestas es correcta.

84ª. La determinación de la forma y condiciones de la denuncia del convenio colectivo:

a) A diferencia del ámbito temporal, fijado por el propio art. 85 del Estatuto de los Trabajadores, es parte del contenido mínimo o necesario de todo convenio colectivo.

b) Es parte del contenido mínimo o necesario de todo convenio colectivo.

c) Si se omite por el convenio, da lugar a la aplicación de la regulación supletoria que ofrece el art. 85 del Estatuto de los Trabajadores.

85ª. La inaplicación del convenio colectivo que regula el art. 82.3 del Estatuto de los Trabajadores:

a) Es independiente del ámbito del convenio colectivo afectado por ella.

b) No cabe respecto del convenio colectivo de empresa.

c) Solo cabe respecto del convenio colectivo de sector.

86ª. La inaplicación del convenio colectivo que regula el art. 82.3 del Estatuto de los Trabajadores:

a) Deja de ser posible a partir del momento en que el convenio de que se trate entre en situación de ultraactividad.

b) Solo es posible durante la vigencia ordinaria del convenio de que se trate.

c) Es posible, además de en cualquier momento de la vigencia ordinaria o prorrogada del convenio de que se trate, durante la aplicación de este en ultraactividad.

87ª. De las siguientes materias, ¿cuál puede ser objeto de la inaplicación del convenio colectivo que regula el art. 82.3 del Estatuto de los Trabajadores?:

a) La relativa a las mejoras voluntarias de la acción protectora de la seguridad social.

b) El sistema de clasificación profesional.

c) Las faltas y sanciones.

88ª. Según la jurisprudencia, con carácter general, los efectos de la inaplicación del convenio colectivo que regula el art. 82.3 del Estatuto de los Trabajadores:

a) Se retrotraen al momento en que se hubiera iniciado el preceptivo período de consultas.

b) Se producen a partir del momento del acuerdo regular de inaplicación.

c) Se producen a partir del momento que determine la Comisión Consultiva Nacional de Convenios Colectivos o el órgano autonómico equivalente que hubiese intervenido en el procedimiento.

89ª. De acuerdo con el Estatuto de los Trabajadores, el convenio colectivo que sucede a otro anterior:

a) Puede disponer de los derechos reconocidos en el convenio sucedido.

b) Debe respetar la regulación de condiciones de trabajo a las que el convenio sucedido hubiese atribuido expresamente el carácter de mínimas.

c) Debe respetar la regulación de condiciones de trabajo más ventajosa contenida en el convenio sucedido.

90ª. De acuerdo con el Estatuto de los Trabajadores, los convenios colectivos entrarán en vigor:
a) A los veinte días hábiles siguientes al de su publicación en el correspondiente diario oficial.
b) En la fecha que acuerden las partes negociadoras.
c) En la fecha que disponga la autoridad laboral que lo registre.

91ª. ¿Cómo afecta la publicación del convenio colectivo a la exigibilidad de la aplicación de este?:
a) No la condiciona.
b) La condiciona.
c) Solo deja de condicionarla si el propio convenio dispone su aplicación retroactiva.

92ª. La eficacia del acto de denuncia del convenio colectivo estatutario:
a) Precisa la inscripción de dicho acto en el registro de convenios colectivos a cargo de la autoridad laboral.
b) Requiere, al menos, la publicación de dicho acto en el diario oficial en el que se hubiera publicado el convenio denunciado.
c) Se produce con independencia de que exista o no inscripción de dicho acto en el registro de convenios colectivos a cargo de la autoridad laboral.

93ª. Con carácter general, la conocida como denuncia «automática» del convenio colectivo o, lo que es igual, la existente cuando este dispone que se entenderá denunciado el día del vencimiento de su período de duración:
a) Solo es válida cuando los suscriptores del convenio establezcan su inscripción en el registro administrativo de convenios colectivos.
b) Es válida.
c) Es nula, pues no cumple el carácter expreso que debe tener la denuncia del convenio, según el art. 86.2 del Estatuto de los Trabajadores.

94ª. Con carácter general, un sindicato que haya rechazado participar en la negociación o suscripción de un convenio colectivo estatutario:

a) Puede denunciarlo solo en el caso de que se hubiera ausentado de la negociación en el momento de la suscripción del convenio.

b) Puede denunciarlo.

c) No puede denunciarlo.

95ª. Durante la negociación del convenio colectivo que pretende sustituir a otro anterior en situación de ultraactividad:

a) Las partes pueden adoptar acuerdos parciales modificando alguno o algunos de los contenidos sometidos a ultraactividad siempre que aquellos sean más favorables para los trabajadores.

b) Las partes no pueden adoptar acuerdos que modifiquen los contenidos sometidos a ultraactividad.

c) Las partes pueden adoptar acuerdos parciales modificando alguno o algunos de los contenidos sometidos a ultraactividad.

96ª. De acuerdo con el Estatuto de los Trabajadores, la ultraactividad de un convenio colectivo:

a) Se mantiene, en defecto de pacto, hasta la suscripción del nuevo convenio colectivo.

b) No puede superar el año, a contar desde el agotamiento de la vigencia ordinaria del convenio.

c) Ninguna de las dos anteriores respuestas es correcta.

97ª. La aplicación e interpretación del convenio colectivo por vías con origen en el ejercicio de la autonomía colectiva:

a) Excluye, por su naturaleza, la posibilidad de utilización de la vía judicial.

b) Deja sin efecto la que hubiesen realizado los tribunales laborales.

c) Es de uso preferente al de la vía judicial, a cargo de los tribunales laborales.

98ª. Con carácter general, los acuerdos interpretativos del convenio colectivo alcanzados en el seno de su comisión paritaria:
a) Son vinculantes para los tribunales laborales.
b) No vinculan a los tribunales laborales.
c) Solo son vinculantes para los tribunales laborales cuando se hayan tomado por unanimidad.

99ª. Los acuerdos interpretativos del convenio colectivo alcanzados en el seno de su comisión paritaria:
a) No son susceptibles de inscripción en el registro administrativo de convenios colectivos.
b) Tendrán la misma eficacia jurídica y tramitación que el convenio colectivo interpretado.
c) Aunque son susceptibles de inscripción en registro administrativo de convenios colectivos, no pueden ser objeto de publicación en el diario oficial correspondiente.

100ª. La eficacia jurídica del acuerdo de mediación o del laudo arbitral resolviendo el conflicto colectivo derivado de la interpretación del convenio colectivo estatutario es equivalente:
a) A la de dicho convenio colectivo, sin excepción ni condición alguna.
b) Depende, entre otras cosas, de si quienes han adoptado el acuerdo de mediación o suscrito el compromiso arbitral tienen legitimación para acordar, en el ámbito del conflicto, un convenio del tipo indicado.
c) A la de dicho convenio colectivo, sin excepción alguna. La única condición para ello es que sean objeto de registro, depósito y publicación.

101ª. La discrepancia sobre la interpretación que merece un precepto de un convenio colectivo sectorial estatal, mantenida en su seno por la comisión paritaria de este, ¿se puede solventar a través de los procedimientos que regula el VI Acuerdo sobre Solución Autónoma de Conflictos Laborales (VI ASAC)?:
a) Sí.

b) Sí, siempre que el propio convenio colectivo lo establezca de forma expresa.

c) No.

102ª. El Estatuto de los Trabajadores dispone que el acuerdo interpretativo del convenio colectivo alcanzado por la comisión paritaria:

a) No está sometido a tramitación especial alguna.

b) Aunque carezca de igual eficacia jurídica que el convenio colectivo interpretado, tendrán la misma tramitación que este.

c) Ninguna de las anteriores respuestas es correcta.

103ª. La impugnación por ilegalidad de los convenios colectivos suscritos para el personal laboral de una Administración pública compete:

a) Al orden jurisdiccional social o al contencioso-administrativo, según el tipo de convenio colectivo de que se trate.

b) Al orden jurisdiccional social.

c) Al orden jurisdiccional contencioso-administrativo.

104ª. La impugnación directa de los convenios colectivos extraestatutarios debe tramitarse:

a) Por la modalidad procesal especial de conflictos colectivos.

b) Por la modalidad procesal especial de conflictos colectivos o la modalidad especial de impugnación de convenios colectivos, según que la impugnación se base en que el convenio conculca la legalidad o lesiona gravemente el interés de terceros.

c) Por la modalidad procesal especial de impugnación de convenios colectivos.

105ª. La impugnación directa del acuerdo o pacto colectivo conseguido en el período de consultas previo a la decisión empresarial de proceder a un despido colectivo debe tramitarse:

a) Por la modalidad procesal especial de conflictos colectivos.

b) Por la modalidad procesal especial de impugnación del despido colectivo.

c) Por la modalidad procesal especial de impugnación de convenios colectivos.

106ª. Es modalidad procesal adecuada para la tramitación de las pretensiones de interpretación de un convenio colectivo estatutario:

a) La de impugnación de convenios colectivos, de acuerdo con lo dispuesto en el art. 163 de la Ley Reguladora de la Jurisdicción Social.

b) Tanto la de impugnación de convenios colectivos como la de conflictos colectivos, a opción del demandante.

c) La de conflictos colectivos.

107ª. Disponen de legitimación para promover la impugnación directa y abstracta del convenio colectivo estatutario:

a) Los empresarios incluidos en el ámbito de aplicación del propio convenio.

b) Los trabajadores incluidos en el ámbito de aplicación del propio convenio, siempre que actúen en grupo.

c) Ninguna de las dos respuestas anteriores es correcta.

108ª. Está sometida a su necesaria tramitación por la modalidad procesal de impugnación de convenios colectivos:

a) Tanto la impugnación de los convenios colectivos estatutarios como la de los convenios colectivos extraestatutarios.

b) La impugnación de cualesquiera tipos de convenios colectivos. En cambio, la de los laudos arbitrales que los sustituyan se debe tramitar por la modalidad procesal de conflictos colectivos.

c) La impugnación de los convenios colectivos estatutarios. La de los extraestatutarios se debe tramitar por la modalidad procesal de conflictos colectivos.

109ª. La impugnación por ilegalidad o lesividad de un convenio colectivo «de oficio», por la Administración (por la autoridad laboral):

a) Cabe respecto de cualesquiera convenios colectivos, estatutarios o no, así como de los laudos arbitrales que los sustituyan.

b) Con carácter general, solo es posible respecto de los convenios colectivos estatutarios o laudos sustitutivos de ellos.

c) Ninguna de las anteriores respuestas es correcta.

110ª. Dispone de legitimación para la impugnación directa por ilegalidad del convenio colectivo suscrito por la administración de una comunidad autónoma para su personal laboral:

a) La Administración General del Estado, representada por la Abogacía del Estado.

b) El Gobierno de la propia comunidad autónoma, representada por el letrado que designe.

c) La Abogacía del Estado.

111ª. Una asociación de empresarios que no ha suscrito un convenio colectivo de sector estatutario y que cuenta con empresas incluidas en el ámbito de este nos consulta sobre si puede impugnarlo por lesividad. Le debemos indicar:

a) Que sí, pues el no haber suscrito el convenio le otorga la condición de tercero que pide la ley.

b) Que sí, siempre que los empresarios a los que representa le otorguen un poder al respecto.

c) Que no.

112ª. De acuerdo con la jurisprudencia, la impugnación de un convenio colectivo estatutario:

a) Es posible durante todo el tiempo de vigencia de dicho convenio, incluido el correspondiente a su eventual situación de ultraactividad.

b) Solo es posible durante el tiempo de vigencia ordinaria de dicho convenio.

c) Es posible durante todo el tiempo de vigencia ordinaria o prorrogada de dicho convenio, concluyendo cuando este entre en situación de ultraactividad.

113ª. El sindicato TCM pretende impugnar por ilegalidad el convenio colectivo provincial del sector del comercio del metal de la provincia de Pontevedra, en cuya negociación no ha intervenido por carecer de legitimación inicial. En las elecciones a órganos de representación unitaria celebradas en dicho sector, en el que cuenta con el cuatro por ciento de afiliados, ha presentado el catorce por ciento de las candidaturas y conseguido el once por ciento de los votos válidos emitidos, lo que le ha permitido conseguir el ocho por ciento de los representantes unitarios elegidos. A la vista de lo anterior nos consulta sobre su legitimación para la referida impugnación. Le debemos responder:
a) Que carece de ella, por no haber podido intervenir en la negociación del convenio por falta de legitimación inicial.
b) Que cuenta con ella siempre que presente la demanda junto con otro u otros sindicatos cuya audiencia electoral en el sector alcance, como mínimo, el diez por ciento.
c) Que cuenta con ella, por reunir las condiciones para ser considerado sindicato con implantación suficiente.

114ª. Para que una asociación empresarial tenga la condición de interesada y, por lo tanto, disponga de legitimación para impugnar un convenio colectivo estatutario por ilegalidad:
a) Es preciso que cuente con empresas asociadas afectadas por el convenio colectivo que pretenda impugnar.
b) Es preciso que su ámbito actuación personal, funcional y territorial se corresponda o sea más amplio que el del convenio colectivo impugnado.
c) Es preciso que tenga la condición de más representativa.

115ª. La legitimación de los órganos de representación unitaria para la impugnación por ilegalidad de un convenio colectivo estatutario:

a) Se rige por el principio de correspondencia, en virtud del cual el ámbito del convenio impugnado no puede ser superior al ámbito en el que aquellos ejerzan su representación.

b) Se limita a la impugnación de los convenios colectivos de empresa o de ámbito inferior a la empresa.

c) Se rige por el principio del interés en la impugnación; basta con haya trabajadores representados afectados por el convenio colectivo que se pretenda atacar.

116ª. Con carácter general, los efectos de la sentencia firme que declare la nulidad total o parcial del convenio colectivo se producen:

a) *Ex tunc* y, en concreto, a partir de la suscripción del convenio.

b) *Ex nunc*, salvo que la propia sentencia determine de forma expresa lo contrario, a petición de quien aparezca como demandante.

c) *Ex nunc* o, lo que es igual, a partir de la firmeza de la sentencia.

117ª. El fallo de la sentencia que declare la nulidad de un convenio colectivo estatutario por ilegalidad o lesividad:

a) Se limitará a establecer, con efecto general o abstracto, si el convenio colectivo es válido o nulo, total o parcialmente, por ilegalidad o lesividad.

b) Deberá proceder a la determinación de cómo debe salvarse la declaración de nulidad.

c) Las dos anteriores respuestas son correctas.

118ª. La publicación y entrada en vigor de otro convenio que sustituya al impugnado por ilegalidad o lesividad, acaecida durante el proceso objeto de los arts. 163 y siguientes de la Ley Reguladora de la Jurisdicción Social:

a) No afecta a la tramitación del proceso.

b) Conduce a dar por terminado el proceso por carencia sobrevenida de su objeto.

c) Conduce a resolver la impugnación teniendo en cuenta, exclusivamente, el contenido del nuevo convenio.

CONTESTACIÓN A LAS PREGUNTAS TEST:
Nombre:
Apellidos:

Pregunta	Marque la respuesta correcta		
1ª	A	B	C
2ª	A	B	C
3ª	A	B	C
4ª	A	B	C
5ª	A	B	C
6ª	A	B	C
7ª	A	B	C
8ª	A	B	C
9ª	A	B	C
10ª	A	B	C
11ª	A	B	C
12ª	A	B	C
13ª	A	B	C
14ª	A	B	C
15ª	A	B	C
16ª	A	B	C
17ª	A	B	C
18ª	A	B	C
19ª	A	B	C
20ª	A	B	C

21ª	A	B	C
22ª	A	B	C
23ª	A	B	C
24ª	A	B	C
25ª	A	B	C
26ª	A	B	C
27ª	A	B	C
28ª	A	B	C
29ª	A	B	C
30ª	A	B	C
31ª	A	B	C
32ª	A	B	C
33ª	A	B	C
34ª	A	B	C
35ª	A	B	C
36ª	A	B	C
37ª	A	B	C
38ª	A	B	C
39ª	A	B	C
40ª	A	B	C
41ª	A	B	C
42ª	A	B	C
43ª	A	B	C
44ª	A	B	C
45ª	A	B	C
46ª	A	B	C

47ª	A	B	C
48ª	A	B	C
49ª	A	B	C
50ª	A	B	C
51ª	A	B	C
52ª	A	B	C
53ª	A	B	C
54ª	A	B	C
55ª	A	B	C
56ª	A	B	C
57ª	A	B	C
58ª	A	B	C
59ª	A	B	C
60ª	A	B	C
61ª	A	B	C
62ª	A	B	C
63ª	A	B	C
64ª	A	B	C
65ª	A	B	C
66ª	A	B	C
67ª	A	B	C
68ª	A	B	C
69ª	A	B	C
70ª	A	B	C
71ª	A	B	C
72ª	A	B	C

73ª	A	B	C
74ª	A	B	C
75ª	A	B	C
76ª	A	B	C
77ª	A	B	C
78ª	A	B	C
79ª	A	B	C
80ª	A	B	C
81ª	A	B	C
82ª	A	B	C
83ª	A	B	C
84ª	A	B	C
85ª	A	B	C
86ª	A	B	C
87ª	A	B	C
88ª	A	B	C
89ª	A	B	C
90ª	A	B	C
91ª	A	B	C
92ª	A	B	C
93ª	A	B	C
94ª	A	B	C
95ª	A	B	C
96ª	A	B	C
97ª	A	B	C
98ª	A	B	C

99a	A	B	C
100a	A	B	C
101a	A	B	C
102a	A	B	C
103a	A	B	C
104a	A	B	C
105a	A	B	C
106a	A	B	C
107a	A	B	C
108a	A	B	C
109a	A	B	C
110a	A	B	C
111a	A	B	C
112a	A	B	C
113a	A	B	C
114a	A	B	C
115a	A	B	C
116a	A	B	C
117a	A	B	C
118a	A	B	C

D) CUESTIONES PARA SU DESARROLLO Y EXPOSICIÓN

Prepare, para su exposición oral o escrita, las siguientes cuestiones:

1ª. Describa quién inicia y cuándo y cómo se inicia, de acuerdo con el Estatuto de los Trabajadores y la jurisprudencia, el procedimiento de negociación de un convenio colectivo ¿Cuál es el contenido mínimo de la comunicación escrita promoviendo la negociación de un convenio colectivo? ¿es obligado el registro de dicha comunicación?

2ª. ¿Qué implica el deber de negociar que pesa sobre la parte que recibe la propuesta de apertura de la negociación de un convenio colectivo? ¿Puede negarse a iniciar la negociación la parte que recibe dicha propuesta? En caso afirmativo, ¿qué circunstancias justificarían la expresada negativa?

3ª. ¿Qué funciones básicas tiene la comisión negociadora de un convenio colectivo y cómo se designan sus miembros o vocales? ¿Con cuántos vocales puede contar dicha comisión?

4ª. ¿Es preceptivo que la comisión negociadora de un convenio colectivo cuente con presidente y con secretario? ¿Qué plazo rige la constitución de la comisión negociadora de un convenio colectivo y qué funciones corresponden a su presidente y a su secretario? ¿En qué condiciones pueden valerse de asesores las representaciones integrantes de la comisión negociadora de un convenio colectivo?

5ª. Negociación de buena fe. Mencione conductas susceptibles de considerarse contrarias al deber de negociar de buena fe.

6ª. ¿Qué precisa la válida adopción de acuerdos por parte de la comisión negociadora de un convenio colectivo? ¿cómo se computa la mayoría requerida? ¿se pueden modificar los acuerdos parciales o preacuerdos? ¿cómo se pueden solventar los desacuerdos producidos en el curso de las deliberaciones producidas en el seno de la referida comisión?

7ª. Fin de la negociación del convenio colectivo: por ruptura.

8ª. ¿En qué consiste la documentación del convenio colectivo estatutario? Describa, brevemente, en qué consiste el registro, el depósito y la publicación de un convenio colectivo estatutario.

9ª Entrada en vigor y aplicación con efectos retroactivos del convenio colectivo.

10ª. Denuncia, prórroga y ultraactividad del convenio colectivo.

Para la elaboración de las respuestas se remite al tratamiento sobre las cuestiones propuestas contenido en los siguientes pasajes de la obra de J. GÁRATE CASTRO, *Derecho Sindical, Volumen II, Negociación colectiva laboral*, Bomarzo (Albacete, 2024):

Parte II, Capítulo III: cuestiones 1ª a 8ª, ambas incluidas.

Parte II, Capítulo V: cuestiones 9ª y 10ª.

III

CONFLICTOS COLECTIVOS DE TRABAJO

A) PREGUNTAS TEST SOBRE EL CONCEPTO DE CONFLICTO COLECTIVO DE TRABAJO Y LOS PROCEDIMIENTOS DE SOLUCIÓN

1ª. Los conflictos individuales y colectivos se diferencian en que:

a) Los primeros solo pueden ser jurídicos y los segundos solo pueden ser económicos.

b) Los primeros solo pueden ser económicos y los segundos solo pueden ser jurídicos.

c) Ninguna de las dos anteriores respuestas es correcta.

2ª. La diferencia entre un conflicto plural y un conflicto colectivo reside:

a) En el número de trabajadores afectados por el conflicto, menor en el conflicto colectivo.

b) En el tipo de interés afectado por el conflicto.

c) Ninguna de las dos anteriores respuestas es correcta.

3ª. Un determinado número de trabajadores de la empresa CONSTRUCCIONES METÁLICAS DEL NOROESTE, S. A. pretenden ser adscritos al grupo profesional Z, distinto de aquel en el que figuran encuadrados. Consta que la solución del correspondiente conflicto que mantienen con dicha empresa requiere que cada uno de ellos acredite cumplir las condiciones a las que el convenio colectivo aplicable supedita el encuadramiento en el mencionado grupo profesional. A efectos del

procedimiento a seguir para obtener aquella solución el conflicto descrito es:

a) Un conflicto individual, pues está en juego el interés singular de cada uno de los trabajadores afectados.

b) Un conflicto plural.

c) Un conflicto colectivo.

4ª. Con carácter general, la calificación de un conflicto de trabajo como colectivo precisa que la pretensión objeto de aquel:

a) Afecte, necesariamente, tanto a una pluralidad de trabajadores como de empleadores.

b) Persiga la satisfacción de los intereses generales de un grupo genérico de trabajadores a través de una solución a obtener sin atender a las circunstancias personales o particulares de aquellos.

c) Persiga la satisfacción de los intereses individuales o colectivos de un grupo genérico de trabajadores a través de una solución que atienda a las circunstancias particulares de cada uno de estos.

5ª. El conflicto de trabajo que pretende de forma inmediata la satisfacción de los intereses generales de un grupo genérico de trabajadores constituye:

a) Un conflicto colectivo, siempre que la satisfacción de los aludidos intereses tenga en cuenta las circunstancias personales o particulares que concurran en cada uno de los trabajadores que compongan el grupo.

b) Un conflicto plural.

c) Un conflicto colectivo.

6ª. El conflicto de trabajo en el que sus partes discuten los efectos derivados de una preexistente norma o decisión empresarial cuya validez aceptan:

a) Es un conflicto plural o colectivo de intereses.

b) Es un conflicto económico o de intereses.

c) En un conflicto jurídico.

7ª. La diferencia entre el conflicto jurídico y el conflicto de intereses o económico reside en que el segundo:
a) No admite, por el tipo de pretensión que encierra, su solución con arreglo a derecho.
b) Admite, por el tipo de pretensión que encierra, su solución con arreglo a derecho.
c) Admite su solución a través de la determinación de la interpretación que merece la norma o disposición sobre la que verse el conflicto.

8ª. El conflicto en el que las partes discuten la interpretación del precepto del convenio colectivo que regula la duración y compensación económica de las vacaciones:
a) Es un conflicto jurídico.
b) Es un conflicto económico.
c) Ninguna de las dos anteriores respuestas es correcta; se trata de un conflicto colectivo o plural, según el número de trabajadores afectados.

9ª. Las partes de la comisión negociadora de un convenio colectivo de empresa mantienen una discrepancia sobre el contenido que debe tener la regulación de una de las materias objeto de negociación y, en concreto, la relativa al régimen del trabajo a turnos, a la duración de la jornada y a la posibilidad de su distribución irregular. Tal conflicto es:
a) Un conflicto colectivo jurídico.
b) Un conflicto colectivo económico o de intereses.
c) Un conflicto colectivo jurídico de intereses.

10ª. Son susceptibles de solución judicial:
a) Solo los conflictos de trabajo jurídicos.
b) Todos los conflictos colectivos de trabajo, con independencia de que sean jurídicos o de intereses.
c) Solo los conflictos de trabajo intereses, por exigirlo el derecho a la tutela judicial efectiva.

11ª. En España, los procedimientos de solución de los conflictos colectivos de trabajo se caracterizan:

a) Por el reforzamiento y mayor protagonismo de los procedimientos de naturaleza extrajudicial, con origen en el ejercicio de la autonomía colectiva.

b) Por el reforzamiento y mayor protagonismo de la solución judicial.

c) Por su sujeción estricta a su regulación por normas estatales y, en concreto, por la Ley Reguladora de la Jurisdicción Social.

12ª. Forman parte de los procedimientos extrajudiciales y privados de solución de conflictos colectivos de trabajo:

a) Los establecidos en la Ley Reguladora de la Jurisdicción Social.

b) Los establecidos por acuerdos interprofesionales sobre materias concretas celebrados al amparo del art. 83.3 del Estatuto de los Trabajadores.

c) Los establecidos en la Ley Reguladora de la Jurisdicción Social, en desarrollo del Estatuto de los Trabajadores.

13ª. Admiten su sometimiento al procedimiento administrativo de conflicto colectivo:

a) Tanto los conflictos colectivos jurídicos como los de intereses.

b) Solo los conflictos colectivos de intereses.

c) Solo los conflictos colectivos jurídicos.

14ª. El procedimiento administrativo de conflicto colectivo:

a) Es compatible con el simultáneo ejercicio del derecho de huelga.

b) Es compatible con el ejercicio del derecho de huelga siempre que esta se haya iniciado con la pretensión de la modificación de lo pactado en convenio colectivo.

c) Es incompatible con el simultáneo ejercicio del derecho de huelga.

15ª. Es característica de la mediación, como procedimiento de solución de conflictos colectivos de trabajo:

a) La búsqueda de la referida solución mediante la intervención de un tercero con poder dirimente del conflicto.

b) La búsqueda de la referida solución mediante la intervención de un tercero sin poder dirimente del conflicto.

c) La búsqueda de la referida solución entre las propias partes del conflicto, a través de la negociación entre ellas propiciada por el mediador.

16ª. La Inspección de Trabajo y Seguridad Social:

a) Aunque tiene funciones de conciliación, mediación y arbitraje en conflictos colectivos, el recurso a ellas es voluntario para las partes de estos.

b) Tiene encomendadas funciones de conciliación, mediación y arbitraje en conflictos colectivos, las cuales son de obligado empleo para las partes de estos.

c) Tiene vedado el ejercicio de funciones de conciliación, mediación y arbitraje en conflictos colectivos.

17ª. El arbitraje especial y específico en materia de elecciones a órganos de representación unitaria de los trabajadores y funcionarios y asimilados es:

a) De derecho y voluntario.

b) De equidad y obligatorio.

c) De derecho y obligatorio.

18ª. Los procedimientos extrajudiciales de solución de conflictos colectivos establecidos por acuerdos interprofesionales específicos suscritos al amparo del art. 83 del Estatuto de los Trabajadores:

a) Han conducido al claro retroceso del recurso a los procedimientos extrajudiciales públicos.

b) Tienen carácter secundario frente al empleo de los procedimientos extrajudiciales públicos.

c) Son, en la actualidad y sin excepción, de obligado empleo por las partes de los referidos conflictos, en cualesquiera de ellos.

19ª. Son susceptibles de someterse a los procedimientos extrajudiciales de solución de conflictos colectivos estableci-

dos por acuerdos interprofesionales específicos suscritos al amparo del art. 83 del Estatuto de los Trabajadores:

a) Tanto los conflictos colectivos jurídicos como de intereses.

b) Solo los conflictos colectivos de intereses.

c) Solo los conflictos colectivos jurídicos.

20ª. ¿Cuáles de los siguientes conflictos cuentan con exclusión expresa de su solución por medio de los procedimientos extrajudiciales establecidos por acuerdos interprofesionales específicos suscritos al amparo del art. 83 del Estatuto de los Trabajadores:

a) Los conflictos que den lugar a la convocatoria de huelgas.

b) Los conflictos derivados de los bloqueos o discrepancias durante los períodos de consulta desarrollados en cumplimiento de lo previsto en el Estatuto de los Trabajadores.

c) Los conflictos en materia electoral.

21ª. De acuerdo con lo que disponen la mayoría de los vigentes acuerdos interprofesionales que establecen procedimientos extrajudiciales de solución de conflictos colectivos, la conciliación o mediación que regulan constituye:

a) Un trámite preceptivo y sustitutivo de la conciliación o mediación «preprocesal» ante la administración laboral.

b) Un trámite de empleo preceptivo y acumulativo a la conciliación o mediación «preprocesal» ante la administración laboral.

c) Un trámite de empleo voluntario y acumulativo a la conciliación o mediación «preprocesal» ante la administración laboral.

22ª. De acuerdo con los acuerdos interprofesionales que establecen procedimientos extrajudiciales de solución de conflictos colectivos, los conflictos susceptibles de someterse a los procedimientos de conciliación o mediación:

a) No consienten su solución por la vía del arbitraje.

b) También consienten su solución por la vía del arbitraje.

c) Solo consienten su solución subsidiaria por la vía del arbitraje, una vez fracasado el empleo de los procedimientos de conciliación o mediación.

23ª. La eficacia del acuerdo de conciliación o de mediación en conflictos colectivos, así como la del laudo arbitral:
a) Es la que determinen las propias partes del conflicto.
b) Es la atribuida por la ley, cuyas previsiones al respecto son de derecho necesario absoluto.
c) Es la que determine el correspondiente acuerdo interprofesional regulador del concreto procedimiento de solución empleado.

24ª. La competencia para conocer de las pretensiones de impugnación de los acuerdos de conciliación o mediación y de los laudos arbitrales resolviendo conflictos colectivos suscitados entre las administraciones públicas y el personal a su servicio corresponde:
a) A la jurisdicción del orden social, incluso cuando afecten a funcionarios.
b) A la jurisdicción contencioso-administrativa, sin excepción.
c) A la jurisdicción del orden social siempre que afecten, exclusivamente, al personal laboral.

25ª. Los conflictos origen de las demandas a tramitar por el proceso especial de conflictos colectivos son:
a) Los jurídicos.
b) Los de intereses.
c) Tanto los jurídicos como los de intereses.

26ª. La valoración de la naturaleza colectiva del conflicto tramitado por el proceso especial de conflictos colectivos:
a) Debe ir referida a la situación existente en el momento de la presentación de la demanda.
b) Debe ir referida a la situación que exista en el momento de dictarse la sentencia.

c) Ninguna de las dos anteriores respuestas es correcta.

27ª. El sindicato SEG, cuyo ámbito de actuación es más amplio que el del conflicto, nos solicita que le indiquemos si dispone de legitimación para promover un proceso de conflicto colectivo. Le debemos responder:
a) Que sí, siempre que también cuente con implantación suficiente en el ámbito del conflicto y tenga la condición de más representativo.
b) Que sí, siempre que tenga la condición de más representativo.
c) Que sí, siempre que también cuente con implantación suficiente en el ámbito del conflicto y tenga o no la condición de más representativo.

28ª. ¿Dispone de legitimación para promover el proceso de conflictos colectivos un comité de empresa?:
a) No, solo disponen de legitimación activa las organizaciones sindicales más representativas o suficientemente representativas, así como sus respectivas secciones sindicales.
b) Sí, siempre que el ámbito de los efectos del conflicto y de su solución no sea superior al ámbito en el que se haya constituido el mencionado órgano de representación unitaria.
c) No, solo disponen de legitimación activa las organizaciones sindicales que cumplan las condiciones que establece el art. 154 de la Ley Reguladora de la Jurisdicción Social.

29ª. La iniciación del proceso de conflictos colectivos:
a) No interrumpe la prescripción de las acciones individuales en igual relación con el objeto del conflicto colectivo de que se trate
b) Interrumpe la prescripción de las acciones individuales en igual relación con el objeto del conflicto colectivo de que se trate.
c) Solo interrumpe la prescripción de las acciones individuales en igual relación con el objeto del conflicto colectivo de que se trate cuando así lo acuerde el Letrado de la Administración de Justicia en la admisión a trámite de la demanda.

30ª. Los efectos de cosa juzgada atribuidos a la sentencia firme que se dicte en el proceso de conflictos colectivos alcanzan:

a) A los procesos individuales pendientes de resolución o que puedan plantearse en un futuro sobre idéntico objeto o en relación de directa conexidad con él.

b) Solo a los procesos individuales que puedan plantearse con posterioridad sobre idéntico objeto o en relación de directa conexidad con él.

c) A los procesos individuales pendientes de resolución sobre los que todavía no hubiera recaído sentencia firme.

B) PREGUNTAS TEST SOBRE MEDIDAS DE CONFLICTO COLECTIVO (CIERRE PATRONAL Y HUELGA)

31ª. El derecho constitucional de los trabajadores y empresarios a adoptar medidas de conflicto colectivo:

a) Solo ampara el empleo de la huelga y del cierre patronal.

b) Ampara el empleo de cualesquiera medidas. En su virtud, ninguna de ellas podrá merecer la consideración de abusiva e ilícita y, por lo tanto, generar responsabilidad para los participantes u organizadores.

c) No se opone a que algunas de las medidas merezcan la consideración abusivas e ilícitas y, por lo tanto, puedan generar responsabilidad para los participantes u organizadores.

32ª. De acuerdo con el Tribunal Constitucional, el carácter ilícito o abusivo de, «en general, cualquier otra forma de alteración colectiva en el régimen de trabajo distinta de la huelga», declarado por el art. 7.2 del Real Decreto-ley de sobre Relaciones de Trabajo:

a) Constituye una presunción *iuris tantum*; por lo tanto, admite prueba en contrario.

b) Constituye una presunción *iuris et de iure*; por lo tanto, no admite prueba en contrario.

c) Constituye una presunción destruible mediante la prueba de la autorización administrativa de la aludida alteración en el régimen de trabajo.

33ª. El derecho de cierre patronal:
a) No ocupa igual posición ni dispone de la misma protección constitucional que el derecho de huelga.
b) Aunque pueda ejercitarse como respuesta a una huelga lícita, no dispone de igual protección constitucional que el derecho de huelga.
c) Dispone de igual protección constitucional que el derecho de huelga siempre que su ejercicio cuente con la autorización de la administración laboral.

34ª. El cierre patronal lícito produce, en relación con los trabajadores afectados:
a) La suspensión del contrato de trabajo sin perjuicio del mantenimiento de la obligación de cotización a la seguridad social.
a) Iguales efectos básicos que los propios del ejercicio del derecho de huelga.
c) La suspensión del contrato de trabajo con posibilidad de acceso a las prestaciones por desempleo por no haber prestación de servicios ni pago de salarios.

35ª. La regulación del derecho de huelga que realiza el Real Decreto-ley sobre Relaciones de Trabajo:
a) Solo se refiere a la huelga llevada a cabo por los trabajadores vinculados por un contrato de trabajo.
b) Se refiere a la huelga llevada a cabo tanto por los trabajadores vinculados por un contrato de trabajo como por los funcionarios y asimilados.
c) Se refiere a la huelga llevada a cabo por los trabajadores vinculados por un contrato de trabajo y por los trabajadores autónomos económicamente dependientes.

36ª. El derecho de huelga:

a) Admite intervenciones normativas directas de la Unión Europea dirigidas a su regulación, por formar parte de las materias objeto de la política social de aquella.

b) No cuenta en el Derecho de la Unión Europea con un título competencial específico que permita la intervención normativa directa de aquella en orden a su regulación.

c) Solo admite la intervención normativa directa de la Unión Europea tendente a procurar la aproximación de las distintas legislaciones nacionales mediante la reducción de sus disparidades.

37ª. El modelo normativo de huelga que consagra la Constitución Española responde al conocido como:

a) Modelo de huelga polivalente.

b) Modelo de huelga contractual.

c) Modelo de huelga laboral o profesional.

38ª. Desde el punto de vista constitucional, el ejercicio de las facultades integrantes de la gestión o gobierno de la huelga (elección de la modalidad de huelga, convocatoria, determinación de las reivindicaciones y negociación de estas, etc.):

a) Consiente que el legislador ordinario opte por no hacerlo objeto de un monopolio sindical.

b) Pertenece, exclusivamente, a los sindicatos y a sus secciones sindicales.

c) Pertenece, exclusivamente, al sindicato, como tal, y a los órganos de representación unitaria de los trabajadores.

39ª. No ofrece duda que son trabajadores, a efectos de la titularidad del derecho de huelga que consagra el art. 28.2 de la Constitución Española:

a) Quienes presten sus servicios en virtud de un contrato de trabajo, con independencia de la naturaleza privada o pública de su empleador.

b) Solo quienes presten servicios en virtud de un contrato de trabajo para empleadores pertenecientes al sector privado.

c) Quienes presten servicios en virtud de un contrato de trabajo y los trabajadores autónomos económicamente dependientes.

40ª. La incorporación al contrato de trabajo de un pacto de renuncia al ejercicio del derecho de huelga:
a) Es válida siempre que la renuncia tenga como contrapartida el abono de una compensación económica al trabajador afectado.
b) Es válida siempre que la renuncia sea temporal y aparezca prevista como posible en el convenio colectivo aplicable.
c) Es nula.

41ª. El mantenimiento de los servicios esenciales de la comunidad:
a) Es el único límite del ejercicio del derecho de huelga que permite el art. 28.2 de la Constitución Española.
b) Es compatible con otros límites del ejercicio del derecho de huelga decididos por el legislador ordinario.
c) Debe garantizarse a través de las diversas medidas que determina el propio art. 28.2 de la Constitución Española.

42ª. La garantía del mantenimiento de los servicios esenciales de la comunidad contenida en el art. 28.2 de la Constitución Española:
a) Requiere que la actividad objeto de los servicios esenciales sea constitutiva, necesariamente, de un servicio público.
b) Deja de operar cuando la actividad objeto de los servicios esenciales sea constitutiva de un servicio público.
c) No exige que la actividad objeto de los servicios esenciales sea constitutiva, necesariamente, de un servicio público.

43ª. La consideración de una actividad como constitutiva de un servicio esencial de la comunidad a mantener en caso de huelga:
a) Es independiente de la titularidad pública o privada de la organización encargada de su prestación.

b) Requiere que dicha actividad se preste, necesariamente, por funcionarios o asimilados.

c) Requiere la titularidad pública de la organización encargada de su prestación.

44ª. Con carácter general, el mantenimiento de los servicios esenciales de la comunidad previsto en el art. 28.2 de la Constitución Española:

a) Priva a los trabajadores adscritos a su prestación de toda posibilidad de ejercitar el derecho de huelga.

b) Es incompatible con la privación a los trabajadores adscritos a su prestación de toda posibilidad de ejercitar el derecho de huelga.

c) Consiente, en determinados servicios esenciales, entre ellos los de la enseñanza y de la sanidad privadas, el ejercicio del derecho de huelga por parte de todos los trabajadores adscritos a su prestación.

45ª. La determinación e imposición de los servicios mínimos en huelgas que afecten a servicios esenciales de la comunidad corresponde:

a) A la autoridad gubernativa.

b) A las propias partes implicadas, esto es, a los huelguistas y a las empresas o entes encargados de la prestación de los servicios mínimos.

c) A la Administración laboral del Estado o de la correspondiente comunidad autónoma o a la empresa en que dicha Administración delegue.

46ª. Convocada en el puerto de Vigo, de titularidad estatal, una huelga que afecta al servicio esencial de la comunidad de estiba y desestiba de buques, se nos pide que indiquemos a quien compete la determinación de los correspondientes servicios mínimos. Debemos responder:

a) A la autoridad gubernativa autonómica.

b) A la autoridad gubernativa estatal.

c) A la autoridad gubernativa autonómica siempre que medie delegación expresa de la autoridad gubernativa estatal responsable del funcionamiento del servicio esencial.

47ª. Convocada una huelga general en la Comunidad Autónoma de Cataluña, se nos pide que indiquemos a quién corresponde la determinación de los servicios mínimos para cubrir las actividades desarrolladas, dentro del servicio esencial de la comunidad que constituye el tráfico aéreo, por la sociedad mercantil estatal AENA (AENA, S.M.E., S.A.) y la entidad pública empresarial ENAIRE, dependiente del Ministerio de Transportes y Movilidad Sostenible. Debemos responder:

a) A la autoridad gubernativa autonómica siempre que medie delegación expresa de la autoridad gubernativa estatal responsable del funcionamiento del servicio esencial.

b) A AENA y a ENAIRE.

c) A la autoridad gubernativa estatal.

48ª. ¿Puede el gerente del Servicio de Salud de la Comunidad Autónoma de Galicia (SERGAS) determinar los servicios mínimos en una huelga convocada en el sector de la sanidad pública gestionada por dicha comunidad?:

a) No, pues carece de la condición de autoridad gubernativa.

b) Sí, pues tiene la condición de autoridad gubernativa en el ámbito funcional y territorial afectado por la huelga.

c) Ninguna de las anteriores respuestas es correcta.

49ª. ¿A quién compete la mera ejecución o puesta en práctica de los servicios mínimos fijados con ocasión de una huelga que afecte a servicios esenciales de la comunidad?:

a) A la propia autoridad gubernativa que haya establecido los servicios mínimos.

b) A la dirección de las empresas empleadoras de los huelguistas o, en su caso, a los órganos directivos de gestión de los entes de derecho público prestatarios de los servicios esenciales afectados.

c) Las dos respuestas anteriores son correctas.

50ª. Desde el exclusivo punto de vista constitucional, la validez de las disposiciones gubernativas sobre servicios mínimos en huelgas que afecten a servicios esenciales de la comunidad:
a) Requiere la previa negociación de los servicios con las partes implicadas.
b) No requiere la audiencia previa de las partes implicadas.
c) Requiere la audiencia previa de las partes implicadas.

51ª. La falta o insuficiencia de la motivación de una disposición gubernativa sobre servicios mínimos en huelgas que afecten a servicios esenciales de la comunidad:
a) Es constitutiva de lesión del derecho constitucional de huelga.
b) Es constitutiva de una mera infracción de la legalidad ordinaria.
c) Es constitutiva de una infracción administrativa sancionable.

52ª. El control por la jurisdicción ordinaria de las disposiciones gubernativas sobre servicios mínimos en huelgas que afecten a servicios esenciales de la comunidad:
a) Compete la jurisdicción laboral.
b) Compete a la jurisdicción laboral o a la contencioso-administrativa, según que los huelguistas tengan la condición de trabajadores o de funcionarios.
c) Compete a la jurisdicción contencioso-administrativa.

53ª. El control por la jurisdicción ordinaria del acto de la empresa o entidad empleadora procediendo a la ejecución o puesta en práctica de los servicios mínimos fijados por las disposiciones gubernativas que los determinen:
a) Compete siempre, sin excepción, a la jurisdicción del orden social.
b) Compete a la jurisdicción contencioso-administrativa cuando el acto de la entidad empleadora afecte a funcionarios o asimilados a ellos.
c) Compete siempre, sin excepción, a la jurisdicción contencioso-administrativa.

54ª. El hecho de que los trabajadores designados de forma expresa para cubrir los servicios mínimos en una huelga que afecte a servicios esenciales de la comunidad no comparezcan para cumplir aquellos:

a) Solo convierte en ilegal la correspondiente huelga cuando no haya trabajadores dispuestos a cubrir voluntariamente los servicios mínimos.

b) No convierte en ilegal la correspondiente huelga.

c) Convierte en ilegal la correspondiente huelga.

55ª. La «última palabra» sobre si es ilegal o abusiva una huelga convocada en el sector de la estiba y desestiba de buques corresponde:

a) A la Administración laboral, previo informe de la Inspección de Trabajo y de la Seguridad Social.

b) A los tribunales laborales y, en su caso, al Tribunal Constitucional, con ocasión de resolver recursos de amparo interpuestos contra fallos de los primeros.

c) A los tribunales del orden jurisdiccional contencioso-administrativo y, en su caso, al Tribunal Constitucional, con ocasión de resolver recursos de amparo interpuestos contra fallos de los primeros.

56ª. Con carácter general, la huelga cuya finalidad sea el presionar o influir sobre los poderes públicos, bien para que modifiquen o no ciertos aspectos de su política social o económica, bien para protestar contra medidas adoptadas por el poder ejecutivo o el poder legislativo en un ámbito en el que tengan interés los trabajadores como tales o como ciudadanos:

a) Es una huelga política y, por lo tanto, ilegal, de acuerdo con el art. 11.a) del Real Decreto-ley sobre Relaciones de Trabajo.

b) Cuenta con la cobertura que brinda el art. 28.2 de la Constitución Española.

c) Constituye una de las huelgas abusivas que menciona el art. 7.2 del Real Decreto-ley sobre Relaciones de Trabajo.

57ª. De acuerdo con la doctrina del Tribunal Constitucional, para que la afectación al interés profesional de los trabajadores impida calificar de ilegales las huelgas de solidaridad o apoyo:

a) Es preciso que tal afectación sea directa y que el interés en cuestión guarde conexión con la relación contractual que mantenga cada uno de los huelguistas con su empresario.

b) Basta con que tal afectación sea indirecta.

c) Es preciso que tal afectación sea directa.

58ª. La vigencia de un convenio colectivo estatutario o laudo arbitral o acuerdo de mediación de eficacia equivalente:

a) No se opone a la legalidad de cualquier huelga, pues el derecho a la negociación colectiva, a diferencia del derecho de huelga, no es un derecho fundamental.

b) Excluye, en términos absolutos, toda posibilidad de acudir a la huelga y, por lo tanto, la legalidad de esta, con independencia de sus motivaciones y objetivos.

c) No excluye toda posibilidad de acudir a la huelga y, por lo tanto, no impide radicalmente la legalidad de esta.

59ª. Con carácter general, la huelga en apoyo o refuerzo de reivindicaciones sobre materias que el convenio colectivo sectorial en vigor prevé que sean objeto de negociación en el ámbito de cada empresa:

a) Es lícita y, por lo tanto, cuenta con la cobertura del art. 28.2 de la Constitución Española.

b) Constituye uno de los supuestos de huelga ilegal, de acuerdo con el art. 11.c) del Real Decreto-ley sobre Relaciones de Trabajo.

c) Es lícita siempre que sea convocada por los órganos de representación unitaria de los trabajadores que presten servicios en la aludida empresa.

60ª. ¿Puede afectar a la legalidad de la huelga la falta de designación del comité de huelga?:

a) Sí.

b) No. Constituye un mero defecto formal subsanable a requerimiento de las empresas afectadas.

c) Sí, aunque solo en las huelgas sectoriales.

61ª. De acuerdo con el criterio del Tribunal Constitucional, las huelgas rotatorias y las llevadas a cabo por quienes prestan servicios en sectores estratégicos de la actividad empresarial, con la finalidad de interrumpir el proceso productivo:

a) Cuentan con la presunción *iuris et de iure* de su carácter ilícito o abusivo.

b) Cuentan con la presunción *iuris tantum* de licitud.

c) Cuentan con la presunción *iuris tantum* de su carácter ilícito o abusivo.

62ª. Las modalidades de huelga no mencionadas en el art. 7.2 del Real Decreto-ley sobre Relaciones de Trabajo:

a) Cuentan con la presunción *iuris tantum* de licitud.

b) Cuentan con la presunción *iuris tantum* de su carácter ilícito o abusivo.

c) Cuentan con la presunción *iuris et de iure* de su carácter lícito.

63ª. Las huelgas intermitentes:

a) Cuentan con la presunción *iuris tantum* de licitud.

b) Cuentan con la presunción *iuris et de iure* de su carácter lícito.

c) Cuentan con la presunción *iuris tantum* de su carácter ilícito o abusivo.

64ª. La previsión del art. 7.1 del Real Decreto-ley sobre Relaciones de Trabajo, según la cual la huelga se habrá de desarrollar «sin ocupación por los huelguistas del centro de trabajo o de cualquiera de sus dependencias»:

a) No comporta necesariamente el carácter ilegal, ilícito o abusivo de cualquier ocupación y de la huelga en la que esta tenga lugar.

b) Comporta necesariamente el carácter ilegal, ilícito o abusivo de cualquier ocupación y de la huelga en la que esta tenga lugar.

c) Implica que la ocupación, aun siendo ilegal o contraria a derecho, constituye un elemento neutro desde el punto de vista de la posible calificación de la huelga como ilegal, ilícita o abusiva.

65ª. La vulneración de la libertad de trabajo de los no huelguistas:

a) No conduce, por sí misma, a la ilegalidad de la huelga.

b) Conduce, por sí misma, a la ilegalidad de la huelga, en aplicación de lo dispuesto en el art. 11.d) del Real Decreto-ley sobre Relaciones de Trabajo.

c) Permite, por sí misma, que la empresa sustituya a los trabajadores no huelguistas afectados por trabajadores cedidos por empresas de trabajo temporal.

66ª. El procedimiento de ejercicio del derecho de huelga:

a) Está sometido, exclusivamente, a la función reguladora de la ley (del Real Decreto-ley sobre Relaciones de Trabajo).

b) Admite que la autonomía colectiva desarrolle una cierta función reguladora.

c) Está sometido, exclusivamente, a la función reguladora de la autonomía colectiva.

67ª. Entre las posibles actividades previas a la convocatoria formal de la huelga figura:

a) El agotamiento de la mediación a cargo de la autoridad laboral a la que se deba comunicar la referida convocatoria.

b) El agotamiento del trámite específico de la mediación obligatoria previsto en un acuerdo interprofesional sobre procedimientos autónomos y privados de solución de conflictos colectivos.

c) El agotamiento del trámite específico de la mediación obligatoria de la Inspección de Trabajo y Seguridad Social.

68ª. El acuerdo en el que se plasma la declaración de una huelga que afecta a un grupo empresarial constituido por cinco empresas:
a) Es único.
b) Debe adoptarse en cada una de esas cinco empresas.
c) Debe adoptarse en cada uno de los centros de trabajo de que dispongan esas cinco empresas.

69ª. En una huelga intermitente:
a) Debe haber tantos acuerdos de huelga como períodos de cese en el trabajo comprenda esta.
b) El acuerdo de declaración de huelga es único.
c) Aunque la declaración de huelga es única, cada nuevo período de cese en el trabajo comprendido en esta ha de ser objeto de un específico acuerdo de huelga.

70ª. Cuentan con legitimación para tomar el acuerdo de declaración de una huelga sectorial:
a) Los propios trabajadores afectados por el conflicto, directamente, mediante asambleas celebradas en las empresas afectadas por la huelga.
b) Las organizaciones sindicales con implantación en el sector de que se trate.
c) Los órganos de representación unitaria que puedan existir en las empresas afectadas por la huelga, con independencia de que algunas de ellas no cuenten con tales órganos.

71ª. El acuerdo declarando una huelga:
a) Además de a la autoridad laboral, se debe comunicar directamente y por escrito, sin excepción, a la empresa o a cada una de las empresas afectadas.
b) Además de a la autoridad laboral, se debe comunicar directamente y por escrito, sin excepción, a las asociaciones empresariales a las que pertenezcan las empresas afectadas.

c) No precisa la necesaria comunicación directa y por escrito a cada una de las empresas afectadas en el caso de las huelgas sectoriales o generales.

72ª. El preaviso mínimo a observar en la comunicación de la huelga es de:
a) Diez días hábiles.
b) Cinco o diez días naturales, lo segundo cuando la huelga afecte a empresas encargadas de la prestación de servicios esenciales.
c) Diez o quince días naturales, lo segundo cuando la huelga afecte a empresas encargadas de la prestación de servicios esenciales.

73ª. De acuerdo con la jurisprudencia, a efectos del cumplimiento del plazo de preaviso mínimo de la comunicación de la huelga:
a) No son computables ni el día del preaviso ni el día señalado para el comienzo de la huelga.
b) Son computables tanto el día del preaviso como el día señalado para el comienzo de la huelga.
c) Es computable el propio día del preaviso; no lo es, en cambio, el día señalado para el comienzo de la huelga.

74ª. La existencia del comité de huelga:
a) No es obligada en las huelgas de empresa o de ámbito inferior convocadas por los órganos de representación unitaria.
b) Es obligada en toda huelga, con independencia de los sujetos que la hayan convocado,
c) Solo es obligada en las huelgas sectoriales que convoquen las organizaciones sindicales.

75ª. Con carácter general, la dirección, gestión o administración del desarrollo de la huelga corresponde:
a) A los sujetos convocantes, exclusivamente.
b) A los sujetos convocantes y a los propios trabajadores huelguistas.
c) Al comité de huelga.

76ª. La exigencia de la prestación de los servicios de seguridad, mantenimiento y para el retorno de la actividad productiva a la normalidad, objeto del art. 6.7 del Real Decreto-ley sobre Relaciones de Trabajo:

a) Depende de la duración y del ámbito funcional y personal de la huelga, así como de la actividad de las empresas afectadas por esta.

b) Es propia de cualquier huelga.

c) Forma parte de los servicios mínimos a cubrir en las huelgas que afecten a servicios esenciales de la comunidad.

77ª. El fundamento y justificación de los servicios cuya prestación dispone el art. 6.7 del Real Decreto-ley sobre Relaciones de Trabajo:

a) Reside en el derecho al trabajo de quienes no deseen secundar la huelga, así como en la conveniencia de que la actividad empresarial no quede paralizada con motivo del cese temporal del trabajo que comporta aquella.

b) Reside, exclusivamente, en la garantía del derecho al trabajo de quienes no deseen segundar la huelga.

c) Ninguna de las anteriores respuestas es correcta.

78ª. La previsión del art. 6.7 del Real Decreto-ley sobre Relaciones de Trabajo, según la cual el comité de huelga «habrá de garantizar» la prestación de los servicios contemplados por dicho precepto:

a) No comporta la obligación directa y exclusiva del comité de huelga de disponer lo necesario para la previa determinación y posterior satisfactorio funcionamiento de tales servicios.

b) Comporta la obligación directa y exclusiva del comité de huelga de disponer lo necesario para la previa determinación y posterior satisfactorio funcionamiento de tales servicios.

c) Comporta el poder del comité de huelga para dar órdenes tendentes al cumplimiento de tales servicios por parte de los trabajadores que aquel haya designado para su prestación.

79ª. La determinación de los servicios cuya prestación contempla el art. 6.7 del Real Decreto-ley sobre Relaciones de Trabajo:
a) Requiere su apertura a la participación del comité de huelga.
b) Debe efectuarse en la forma que prevé el propio precepto.
c) Compete exclusivamente a la empresa afectada por la huelga de que se trate.

80ª. El desacuerdo en la determinación de los servicios cuya prestación contempla el art. 6.7 del Real Decreto-ley sobre Relaciones de Trabajo:
a) Es susceptible de solventarse, en su caso, mediante el recurso a alguno de los procedimientos extrajudiciales de solución de conflictos colectivos establecidos en el acuerdo interprofesional que resulte aplicable.
b) No admite su solución mediante los procedimientos extrajudiciales a los que se acaba de hacer referencia. El correspondiente conflicto solo admite una solución judicial.
c) Debe solventarse, sin excepción, a través del procedimiento de arbitraje específico que regula el VI ASAC (VI Acuerdo sobre Solución Autónoma de Conflictos Laborales).

81ª. El hecho de que los trabajadores designados de forma expresa para cubrir los servicios a los que se refiere el art. 6.7 del Real Decreto-ley sobre Relaciones de Trabajo se nieguen a prestarlos:
a) Convierte en ilegal la huelga.
b) No convierte en ilegal la huelga.
c) Permite exigir responsabilidad por daños y perjuicios al comité de huelga, por no cumplir con su obligación legal de garantizar la prestación de los referidos servicios.

82.ª El hecho de que los trabajadores designados de forma expresa para cubrir los servicios a los que se refiere el art. 6.7

del Real Decreto-ley sobre Relaciones de Trabajo se nieguen a prestarlos:

a) Constituye, por sí mismo, una de las causas justificativas del cierre patronal.

b) Solo autoriza a la empresa a proceder a la cobertura de tales servicios con cualesquiera trabajadores suyos que no vayan a participar en la huelga.

c) Autoriza a la empresa, si fuese necesario, a proceder a la cobertura de tales servicios con trabajadores no vinculados a ella en el momento de la comunicación de la huelga.

83ª. La publicidad de la huelga, objeto del art. 6.6 del Real Decreto-ley sobre Relaciones de Trabajo:

a) Es la que deben realizar los representantes de los trabajadores antes del inicio de la huelga que afecte a servicios esenciales de la comunidad.

b) No es confundible con la que deben realizar los representantes de los trabajadores antes del inicio de la huelga que afecte a servicios esenciales de la comunidad.

c) Tiene como único objeto el que se adhieran a la huelga el mayor número posible de trabajadores.

84ª. Durante una huelga, las conductas consistentes en el ejercicio de violencia física o moral sobre terceros, como son los trabajadores no huelguistas, los directivos de la empresa o sus clientes, o la producción de daños sobre bienes de la empresa:

a) Permite exigir responsabilidad a sus autores, la cual, según las circunstancias, puede ser laboral, civil e, incluso, penal.

b) Han de valorarse teniendo en cuenta que la publicidad de la huelga, de la que forman parte, constituye un derecho fundamental de conflicto; por lo tanto, no acarrean responsabilidad alguna de sus autores.

c) Solo permite exigir a sus autores, en su caso, responsabilidad penal, a determinar teniendo en cuenta que tales conductas se desarrollan en el ejercicio de un derecho fundamental de conflicto.

85ª. El desistimiento de la huelga:

a) Se supedita por la ley a requisitos específicos.

b) No se supedita legalmente a requisito específico alguno.

c) Precisa su comunicación escrita por los convocantes de la huelga, con indicación de las razones o motivos que lo justifiquen.

86ª. La declaración del estado de alarma y la subsiguiente intervención de las empresas o servicios con movilización de su personal:

a) Solo opera como causa de terminación de la huelga cuando lo decida la Administración laboral previo informe de la Inspección de Trabajo y de Seguridad Social.

b) Constituye una forma extraordinaria y excepcional de terminación de la huelga.

c) Se diferencia de la declaración del estado de excepción en que no constituye una forma de terminación de la huelga.

87ª. La sumisión de la solución del conflicto origen de la huelga a un arbitraje obligatorio:

a) Es exclusiva de las huelgas que afecten a servicios esenciales de la comunidad.

b) No es exclusiva de las huelgas que afecten a servicios esenciales de la comunidad.

c) Es exclusiva de las huelgas que afecten a servicios públicos.

88ª. El acuerdo de la autoridad gubernativa sometiendo la solución del conflicto origen de la huelga a un arbitraje obligatorio:

a) No pone fin a la huelga; la terminación de esta se produce con el laudo que dicte el árbitro.

b) Pone fin, a partir de su adopción, a la huelga.

c) Pone fin a la huelga siempre que no sea objeto de recurso.

89ª. La participación en una huelga «legal»:

a) No libera a sus promotores de incurrir en incumplimiento contractual cuando no garanticen la prestación de los servicios de seguridad y mantenimiento.

b) No constituye por sí misma, con independencia del mayor o menor grado de tal participación, incumplimiento contractual que autorice el despido disciplinario o la imposición de otra sanción inferior.

c) Exime del cumplimiento de todos y cada uno de los deberes inherentes al contrato de trabajo, entre ellos el deber de buena fe.

90ª. La empresa SALFI, S. A. nos consulta si puede implantar un complemento o plus salarial cuyo importe se vea reducido en una proporción superior a la duración que tenga la participación del trabajador en huelgas y la correspondiente suspensión del contrato de trabajo. Le debemos responder:

a) Que sí, siempre que dicha reducción se aplique solo a los trabajadores que participen de forma activa o pasiva en una huelga ilegal.

b) Que no, pues dicho descuento es calificable de sanción indirecta o encubierta incompatible con el ejercicio del derecho de huelga.

c) Que sí, siempre que el indicado sistema de retribución venga establecido por convenio o pacto colectivo.

91ª. El convenio colectivo de la empresa ENERSIS, S. A. contiene un precepto regulador de una prima «antihuelgas» de abono al final de cada año natural y sobre cuya percepción e importe influye, directa y únicamente, la participación en huelgas durante el correspondiente año de devengo de aquella; por otro lado, tal participación puede llegar a determinar la pérdida total de la prima correspondiente al aludido período o, en su caso, de una parte superior a la que sería proporcional a las ausencias por huelgas que haya tenido cada trabajador. Con carácter general, dicho precepto:

a) Es válido por formar parte del convenio colectivo.

b) Es nulo, por lesivo del derecho de huelga, aunque solo en la medida en que la reducción del importe de la prima no se circunscribe a los supuestos de participación en huelgas ilegales.

c) Es nulo, por lesivo el derecho de huelga.

92ª. El convenio colectivo de la empresa NAVALIA, S. A. contiene una cláusula estableciendo un complemento o plus salarial de asistencia de abono mensual y cuyo importe disminuye de forma estrictamente proporcional a las inasistencias al trabajo motivadas, entre otras causas al efecto determinadas, por participación en huelgas durante el mes al que vaya referido el devengo del plus. Con carácter general, dicha cláusula:
a) No es lesiva del derecho de huelga.
b) Es lesiva del derecho de huelga por no distinguir entre la participación en huelga legal e ilegal.
c) Es lesiva del derecho de huelga, pues la duración de la participación en huelgas no es computable a efectos de las faltas de asistencia al trabajo susceptibles de conducir a la disminución del importe de un plus como el examinado.

93ª. Mientras dure una huelga legal el empresario podrá sustituir a los huelguistas:
a) Siempre que la sustitución se haga con otros trabajadores que no estuviesen vinculados a la empresa al tiempo de ser comunicada la huelga.
b) Siempre que la sustitución se haga con trabajadores puestos a su disposición por una empresa de trabajo temporal.
c) Ninguna de las respuestas anteriores es correcta.

94ª. De acuerdo con la doctrina del Tribunal Constitucional, la sustitución de los trabajadores huelguistas por trabajadores no huelguistas de la misma empresa:
a) Es posible siempre que los trabajadores no huelguistas acepten voluntariamente o propongan dicha sustitución.
b) Es posible y responde al interés de los trabajadores no huelguistas a continuar trabajando en uso de su libertad de trabajo y de su derecho a la ocupación efectiva.

c) No es posible.

95ª. La subcontratación o externalización de actividades productivas producida o reforzada coincidiendo con la huelga:
a) Es posible y lícita siempre que medie una relación de grupo entre la empresa principal o auxiliada y la empresa subcontratista, auxiliar o colaboradora.
b) Constituye, sin excepción, lesión del derecho de huelga.
c) No es lesiva del derecho de huelga cuando esté motivada por la negativa de los trabajadores a prestar los servicios mínimos o de seguridad y mantenimiento para los que hayan sido regularmente designados y las tareas externalizadas correspondan, estrictamente, a lo pedido por la cobertura de tales servicios.

96ª. El ejercicio del derecho de huelga produce sobre los trabajadores que lo lleven a cabo:
a) La suspensión de sus contratos de trabajo con derecho a reserva de puesto de trabajo.
b) La suspensión de sus contratos de trabajo sin derecho a reserva de puesto de trabajo.
c) La suspensión de sus contratos de trabajo con exoneración de todas las obligaciones derivadas de estos, entre ellas la de buena fe.

97ª. Un trabajador que se encuentra en situación de desempleo parcial por reducción de su jornada ordinaria de trabajo nos pide que le indiquemos, a efectos de tomar la decisión de participar en una huelga convocada en la empresa donde presta servicios, cómo afectaría dicha participación a la suspensión de su contrato de trabajo. Le debemos responder:
a) Que la situación en la que se encuentra determina que no haya suspensión del contrato de trabajo siempre que mantenga el derecho al disfrute de las prestaciones por desempleo.
b) Que la suspensión irá referida a la porción de la jornada de trabajo no afectada por la situación de desempleo parcial en que se encuentra.

c) Que la suspensión se produce desde el momento en que solicite a la entidad gestora de las prestaciones por desempleo la interrupción del abono de estas.

98ª. Declarada en la empresa una huelga a desarrollar los días 1, 2, 3, 4, 5, 8, 9, 10, 11 y 12 de abril, todos laborables, un trabajador toma la decisión de participar en ella a partir del día 9, tras finalizar la situación de incapacidad temporal en que se encontraba hasta el día anterior. A la consulta de dicha empresa sobre cuándo comienza la suspensión del contrato de trabajo inherente a la referida decisión del trabajador le debemos responder:
a) Que el 1 de abril, día de comienzo de la huelga en la que el trabajador ha decidido participar.
b) Que el 9 de abril.
c) Que el 11 de abril, una vez agotado el plazo de dos días hábiles de que dispone el trabajador para incorporarse al trabajo, una vez finalizada la situación de incapacidad temporal.

99ª. La exoneración de la obligación de pago del salario inherente a la suspensión del contrato de trabajo por ejercicio del derecho de huelga:
a) Constituye un límite del ejercicio del derecho de huelga y, por lo tanto, habrá de ser objeto de regulación por ley orgánica.
b) Admite que la empresa afectada por la huelga pueda decidir no practicar, en todo o en parte, el correspondiente descuento salarial.
c) Forma parte del contenido esencial del derecho constitucional de huelga y, por lo tanto, no admite su renuncia por parte de la empresa afectada por la huelga.

100ª. La exoneración de la obligación de pago del salario inherente a la suspensión del contrato de trabajo por ejercicio del derecho de huelga:
a) Afecta tanto al salario base como a los complementos salariales.
b) Solo afecta al salario base.

c) No repercute sobre el importe de las gratificaciones extraordinarias.

101ª. Los períodos durante los cuales el trabajador haya ejercitado su derecho de huelga:
a) Afectan al importe de cualquier eventual y futura indemnización legal por extinción del contrato de trabajo.
b) No son deducibles del período de servicios del que dependa el importe de una indemnización legal por extinción del contrato de trabajo.
c) Solo son deducibles a efectos del importe de la indemnización legal por despido disciplinario improcedente.

102ª. Con carácter general y de acuerdo con la jurisprudencia, el período durante el cual el trabajador haya ejercitado su derecho de huelga:
a) No disminuye la duración de las vacaciones ni la retribución correspondiente a ellas.
b) Aunque no afecta a la duración de las vacaciones, reduce el importe del salario correspondiente a ellas en proporción al tiempo de permanencia en huelga.
c) Aunque no afecta al importe de la retribución de las vacaciones, reduce la duración de estas en proporción al tiempo de permanencia en huelga.

103ª. La suspensión del contrato de trabajo por ejercicio del derecho de huelga:
a) No afecta en ningún caso, por expresa determinación legal, al cómputo del período de prueba.
b) Solo permite la interrupción del cómputo del período de prueba cuando el convenio colectivo aplicable lo prevea de forma expresa.
c) Interrumpe, salvo pacto en contrario, el cómputo de la duración del período de prueba.

104ª. La suspensión del contrato de trabajo:
a) Solo se produce en el caso de la participación en una huelga legal.

b) Es de esencia o, lo que es igual, es consecuencia necesaria, sin excepción, tanto de la participación en una huelga legal como ilegal.

c) Si la huelga es ilegal, solo está garantizada respecto de los trabajadores que no participen activamente en ella.

105ª. En el caso de que los trabajadores participen en una huelga ilegal:

a) Solo es admisible el ejercicio del poder disciplinario respecto de los trabajadores que hayan participado activamente.

b) Solo es admisible el ejercicio del poder disciplinario respecto de los trabajadores que no presten los servicios de seguridad y mantenimiento o los servicios mínimos para los que hubieran sido regularmente designados.

c) La empresa puede ejercitar lícitamente el poder disciplinario contra ellos, independientemente del grado de participación que hayan observado.

106ª. El ejercicio del derecho de huelga por parte de los trabajadores permite a la empresa:

a) Solicitar y obtener la situación de baja de los huelguistas en la seguridad social mientras dure su participación y suspensión del contrato de trabajo.

b) Solicitar y obtener la situación de baja especial de los huelguistas en la seguridad social con objeto de obtener la exención del pago de las cuotas hasta la finalización de la suspensión del contrato de trabajo.

c) Solicitar y obtener el reconocimiento de la situación de alta especial en la seguridad social de los huelguistas.

107ª. De acuerdo con la normativa de seguridad social, el parto de una trabajadora producido durante su participación en una huelga:

a) Impide el reconocimiento y la percepción del subsidio por maternidad.

b) No impide el reconocimiento y la percepción del subsidio por maternidad.

c) Aunque no impide el reconocimiento del subsidio por maternidad, afecta a la percepción de este, la cual no se iniciará hasta que finalice la referida participación.

108ª. El ejercicio del derecho de huelga:
a) No constituye, por sí mismo, causa determinante de la situación legal de desempleo.
b) Es situación determinante de la situación legal de desempleo siempre que el trabajador huelguista acredite cotización suficiente a efectos de disfrutar de las correspondientes prestaciones.
c) Impide toda posibilidad de acceder a la protección por desempleo derivada de la extinción regular del contrato de trabajo durante la huelga y por causa eficaz ajena a esta.

109ª. La participación en una huelga total del trabajador que carece de otra ocupación por cuenta ajena o propia:
a) Impide a dicho trabajador el acceso al subsidio económico por incapacidad temporal declarada durante la huelga con independencia del origen de dicha incapacidad.
b) Impide a dicho trabajador el acceso al subsidio económico por incapacidad temporal declarada durante la huelga y derivada de enfermedad común o accidente no laboral.
c) Impide a dicho trabajador el acceso a las prestaciones por incapacidad temporal declarada durante la huelga, incluidas las de asistencia sanitaria.

110ª. A efectos de la acreditación del período mínimo de cotización que se exige para tener derecho a la prestación contributiva por desempleo:
a) El tiempo de suspensión del contrato de trabajo por cierre patronal o participación en huelga legal tiene la consideración de período cotizado.
b) Solo tiene la consideración de período cotizado el tiempo de suspensión del contrato de trabajo por participación en huelga legal.

c) No tiene la consideración de período cotizado el tiempo de suspensión del contrato de trabajo por cierre patronal o participación en huelga; lo impide la falta de cotización durante dicha suspensión.

CONTESTACIÓN A LAS PREGUNTAS TEST:

Nombre:
Apellidos:

Pregunta	Marque la respuesta correcta		
1ª	A	B	C
2ª	A	B	C
3ª	A	B	C
4ª	A	B	C
5ª	A	B	C
6ª	A	B	C
7ª	A	B	C
8ª	A	B	C
9ª	A	B	C
10ª	A	B	C
11ª	A	B	C
12ª	A	B	C
13ª	A	B	C
14ª	A	B	C
15ª	A	B	C
16ª	A	B	C
17ª	A	B	C
18ª	A	B	C
19ª	A	B	C
20ª	A	B	C

21ª	A	B	C
22ª	A	B	C
23ª	A	B	C
24ª	A	B	C
25ª	A	B	C
26ª	A	B	C
27ª	A	B	C
28ª	A	B	C
29ª	A	B	C
30ª	A	B	C
31ª	A	B	C
32ª	A	B	C
33ª	A	B	C
34ª	A	B	C
35ª	A	B	C
36ª	A	B	C
37ª	A	B	C
38ª	A	B	C
39ª	A	B	C
40ª	A	B	C
41ª	A	B	C
42ª	A	B	C
43ª	A	B	C
44ª	A	B	C
45ª	A	B	C
46ª	A	B	C

47ª	A	B	C
48ª	A	B	C
49ª	A	B	C
50ª	A	B	C
51ª	A	B	C
52ª	A	B	C
53ª	A	B	C
54ª	A	B	C
55ª	A	B	C
56ª	A	B	C
57ª	A	B	C
58ª	A	B	C
59ª	A	B	C
60ª	A	B	C
61ª	A	B	C
62ª	A	B	C
63ª	A	B	C
64ª	A	B	C
65ª	A	B	C
66ª	A	B	C
67ª	A	B	C
68ª	A	B	C
69ª	A	B	C
70ª	A	B	C
71ª	A	B	C
72ª	A	B	C

73[a]	A	B	C
74[a]	A	B	C
75[a]	A	B	C
76[a]	A	B	C
77[a]	A	B	C
78[a]	A	B	C
79[a]	A	B	C
80[a]	A	B	C
81[a]	A	B	C
82[a]	A	B	C
83[a]	A	B	C
84[a]	A	B	C
85[a]	A	B	C
86[a]	A	B	C
87[a]	A	B	C
88[a]	A	B	C
89[a]	A	B	C
90[a]	A	B	C
91[a]	A	B	C
92[a]	A	B	C
93[a]	A	B	C
94[a]	A	B	C
95[a]	A	B	C
96[a]	A	B	C
97[a]	A	B	C
98[a]	A	B	C

99ª	A	B	C
100ª	A	B	C
101ª	A	B	C
102ª	A	B	C
103ª	A	B	C
104ª	A	B	C
105ª	A	B	C
106ª	A	B	C
107ª	A	B	C
108ª	A	B	C
109ª	A	B	C
110ª	A	B	C

D) CUESTIONES PARA SU DESARROLLO Y EXPOSICIÓN

Prepare, para su exposición oral o escrita, las cuestiones que se indican a continuación:

1ª. ¿Todas las medidas de conflicto colectivo implican un cese en el trabajo, cuentan con previsión legal expresa y son lícitas?

2ª. Cobertura constitucional de las medidas de conflicto colectivo. El art. 37.2 de la Constitución Española ¿incluye tanto el cierre patronal como la huelga? ¿Existen medidas de conflicto colectivo distintas de la huelga y que cuenten con cobertura en otros derechos fundamentales «inespecíficos» de los trabajadores?

3ª. Concepto de cierre patronal. El cierre patronal, ¿se sitúa en la misma posición constitucional que el derecho de huelga?

4ª. Causas justificativas, límites y efectos del cierre patronal.

5ª. Concepto de huelga (amplio y estricto). ¿Qué concepto acoge el Real Decreto-ley 17/1977, de 4 de marzo, sobre Relaciones de Trabajo?

6ª. Modelo constitucional de huelga ¿Qué se entiende por huelga contractual, huelga laboral o profesional y huelga polivalente?

7ª. Titularidad del derecho «individual» de huelga.

8ª. La renuncia al derecho de huelga por medio del contrato de trabajo y la renuncia al ejercicio de dicho derecho por medio de convenio colectivo.

9ª. Identificación general de los límites del derecho de huelga que cuentan con previsión en la legislación ordinaria.

10ª. Fundamento y concepto de servicios esenciales de la comunidad. ¿Servicio esencial es igual que servicio público? Para considerar que un servicio es esencial ¿se precisa que sea de titularidad pública? ¿influye que su prestación esté o deje de estar a cargo de funcionarios públicos?

11ª. Concepto de mantenimiento de los servicios esenciales. Posibles medidas de mantenimiento.

12ª. Titularidad de la potestad de determinar e imponer servicios mínimos.

13ª. Control jurisdiccional de la disposición que fije servicios mínimos y de la decisión empresarial ejecutándolos.

14ª. Consecuencias del incumplimiento de los servicios mínimos por parte de los trabajadores designados para atenderlos.

15ª. Identificación y breve descripción de las huelgas a las que atribuye la calificación de ilegales el art. 11 del Real Decreto-ley 17/1977, de 4 de marzo, sobre Relaciones de Trabajo.

16ª. ¿Qué huelgas merecen la consideración de abusivas según el Real Decreto-ley 17/1977, de 4 de marzo, sobre Relaciones de Trabajo? ¿En qué consiste la huelga intermitente? Tal modalidad huelga ¿es abusiva? (razónese la respuesta a esto último).

17ª. La libertad de trabajo de los trabajadores no huelguistas ¿Es ilegal la huelga que vulnere dicha libertad de trabajo? ¿Sobre quienes recae las consecuencias de la vulneración?

18ª. Señale algunas de las posibles actividades previas a la declaración de la huelga. Los sindicatos que pretenden declarar una huelga de sector y de ámbito superior a una comunidad autónoma nos consultan sobre si deben realizar alguna actividad previa a la convocatoria formal de aquella. ¿Qué les debemos responder?

19ª. Los trabajadores de una empresa nos consultan si pueden convocar directamente ellos una huelga y, de ser así, cómo deberían proceder. ¿Qué respuesta merece la consulta? La expresión «representantes» de los trabajadores a los que el art. 3.2.a) del Real Decreto-ley 17/1977 atribuye legitimación para declarar una huelga, ¿qué representantes incluye?

20ª. Requisitos formales a observar en la declaración de una huelga.

21ª. Concepto y competencias encomendadas al comité de huelga por el Real Decreto-ley 17/1977.

22ª. ¿En qué consisten los servicios de seguridad y mantenimiento? ¿Es obligado garantizar su cobertura en cualquier huelga?

23ª. ¿Cómo se determinan los servicios de seguridad y mantenimiento y los trabajadores adscritos a su cumplimiento? ¿Qué efectos produce la negativa de los trabajadores a prestar los servicios de seguridad y mantenimiento para los que hubieran sido designados de forma expresa?

24ª. Identifique, de modo general, las causas ordinarias y extraordinarias de terminación de la huelga.

25ª. Terminación de la huelga por acuerdo o pacto.

Para la elaboración de las respuestas se remite al tratamiento sobre las cuestiones propuestas contenido en los siguientes pasajes de la obra de J. GÁRATE CASTRO, *Derecho Sindical, Volumen III, Conflictos colectivos de trabajo*, Bomarzo (Albacete, 2023):

Parte II, presentación y Capítulo I: cuestiones 1ª a 4ª, ambas incluidas.

Parte II, Capítulo II: cuestiones 5ª a 8ª, ambas incluidas.

Parte II, Capítulo III: cuestiones 9ª a 17ª, ambas incluidas.

Parte II, Capítulo IV: cuestiones 18ª a 25ª, ambas incluidas.